À L'ŒUVRE!

Cahier de laboratoire et Travaux complémentaires

conforme à

La Grammaire à l'œuvre

QUATRIÈME ÉDITION

JOHN BARSON
Stanford University

Harcourt Brace Jovanovich College Publishers
Fort Worth   Philadelphia   San Diego
New York   Orlando   Austin   San Antonio
Toronto   Montreal   London   Sydney   Tokyo

Text Permissions

"Les hôtels de l'avenir," adapted from an article by Urban C. Lehner, "Capsule Description of Japanese Hotel: No Rooms at the Inn," *Wall Street Journal*, February 25, 1981.

Michel Corday, "La Force de l'amour" from *Des Histoires*, Editions Ernest Flammarion, Paris.

Michelle Maurois, *Le Cadeau de mariage*, Editions Ernest Flammarion, Paris.

"Un Jour aux courses" (pp. 233-234), adapted from item #714 from the *Dictionnaire des histoires drôles, A-I*, Editeur Hervé Nègre, Librairie Arthème Fayard, Paris.

André Maurois, "La Maison," from *Toujnours l'inattendu arrive*, Editions Flammarion, Paris.

ISBN 0-03-003743-3

Copyright © 1987, 1981, 1975 by Holt, Rinehart and Winston, Inc.

Address Editorial correspondence to:
301 Commerce Street
Fort Worth, Texas 76102

Printed in the United States of America

1   018   9 8 7

Harcourt Brace Jovanovich, Inc.
The Dryden Press
Saunders College Publishing

TABLE DES MATIÈRES

PREFACE TO THE STUDENT

The present laboratory program and workbook is designed to complement the fourth edition of *La Grammaire à l'oeuvre*, giving you language practice on several levels. Each chapter contains the following sections: *Automatismes, Mise en pratique, Compréhension-Dictée-Questions, Travaux complémentaires. À L'oeuvre!* is both a guide to the laboratory exercises and a workbook containing complementary written exercises. Most of the exercises in the laboratory program can be done orally, but in a few cases you will need to follow the written cues given in your manual. You can use the tapes either before or after class.

Part one of the laboratory manual is made up of the following:

-- The *Automatismes* section, which stresses key language reflex patterns in simple drills.

-- The *Mise en pratique* section, which reproduces those exercises included under the parallel heading in *La Grammaire à l'oeuvre 4/e*. *This will afford you extra practice on these exercises. Remember that the person asking questions is a classmate and therefore the tu form should be used.* Note that for some exercises a *Réponse d'un étudiant* and a *Réponse d'une étudiante* are given. This is done for words or phrases with audible feminine forms (e.g., *heureux/heureuse*). Compare the answer you give with the appropriate response on the tape.

Where necessary, space has been provided for writing answers. All exercises are four-phased, i.e., the correct response is given and space has been provided on the tape for repetition of it.

model: 1   Stimulus or question provided by master voice
         2   Student response
         3   Correct answer by master voice
         4   Student repetition of correct answer

Part two of each laboratory lesson--Compréhension-Dictée-Questions--is intended as a listening text combined with writing practice. A short text will be read, followed by a *dictée*, taken from the text, and a few questions on the undictated portion of the text. After the dictation, the text is reread.

Following the laboratory portion of your manual is a section of written exercises--*Travaux complémentaires*--which include review exercises and sentence-writing practice under the heading

Vérification, and suggested essay topics and class activities: *Réalisation*.

Occasionally, as for *Étude de verbes*, page references to the *Constructions* section of *La Grammaire à l'oeuvre* indicate material to be reviewed in connection with the exercises.

It is important to remember that the ultimate goal of grammar study is not the performance of exercises but the acquisition of the requisite knowledge and skill for correct, mature self-expression. It is hoped that intelligent use of this workbook and the tapes in conjunction with *La Grammaire à l'oeuvre* will lead you in that direction.

PREFACE TO THE TEACHER

The present laboratory manual and workbook is designed to complement the fourth edition of *La Grammaire à l'oeuvre*. Each chapter contains a guide to the laboratory exercises--*Laboratoire*--followed by supplementary written exercises, composition topics, and class activities--*Travaux complémentaires*.

Laboratoire

The tape program is divided into three parts. First, students practice specific key grammar points from the lesson in simple transformation-substitution drills grouped under the heading *Automatismes*. Following this warm-up session in essential language reflexes, students are provided with the *Mise en pratique* exercises from *La Grammaire à l'oeuvre* (see Preface to *La Grammaire à l'oeuvre* for the design and purpose of these exercises). With the exception of a few exercises which did not lend themselves to being performed in the language laboratory setting, all the exercises of *Mise en pratique* appear essentially as in the main text. In this way students can either prepare for class in the language laboratory or go to the lab after class for extra practice on this set of exercises if needed. In the third section--*Compréhension-Dictée-Questions*--students listen to a text from which a dictation has been drawn. A few open-ended questions test for comprehension of those portions of the story not included in the *dictée*. The stories were prepared so as to be readily intelligible aurally and to illustrate the grammar of the lesson insofar as possible. Occasionally, some difficult words are given in the student manual to insure comprehension. Included in the comprehension texts are adaptations of stories by Michel Maurois, André Maurois, Emile Zola, Michel Corday, Victor Hugo, and a very freely adapted extract from Rabelais. The emphasis, however, is not on perception of literary qualities but on grasping specific content and expressing opinions.

When necessary, space has been provided for writing answers.

A tapescript is available on request from Holt, Rinehart and Winston.

Travaux complémentaires

The written exercises in this section provide additional practice on important grammar points of the lesson. Discrete-point review exercises and sentence-writing practice are grouped under the heading *Renforcement*. The material contained in the "Etude de verbes" section of *La Grammaire à l'oeuvre* is also systematically reviewed. At the end of most lessons are a few suggestions for essays and class activities: *Réalisation*. The workbook closes with a list of supplementary composition topics. With an abundance of options from which to choose, students can be encouraged to select subjects which truly interest them and make their writing practice a valuable experience thereby.

ACKNOWLEDGEMENTS

I wish to thank Jean-Philippe Mathy, University of California at Santa Cruz, for his attentive reading of the laboratory program and workbook. I am also grateful to the editorial and production staff at Holt, Rinehart and Winston, especially to Chris Johnson and Paula Kmetz, for their support and attention to detail.

J. B.

CHAPITRE **1**

Le Présent et l'impératif

LABORATOIRE

Première partie

AUTOMATISMES

<u>Exercice 1</u>

Répondez **oui** *aux questions suivantes.*

     Exemple: --Prenez-vous du thé le matin?
                   --*Oui, je prends du thé le matin.*

1. . . . . .   5. . . . . .
2. . . . . .   6. . . . . .
3. . . . . .   7. . . . . .
4. . . . . .

Maintenant, répondez **non** *aux questions suivantes.*

  8. . . . . .
  9. . . . . .
10. . . . . .

Exercice 2

Mettez le verbe des phrases que vous entendrez au pluriel.

> Exemple: Il est malade
> *Il sont malades.*

1. . . . . . .   6. . . . . . .
2. . . . . . .   7. . . . . . .
3. . . . . . .   8. . . . . . .
4. . . . . . .   9. . . . . . .
5. . . . . .

MISE EN PRATIQUE

Exercice I

Répondez aux questions selon les indications données.

Situation 1 – Les distractions. *Imaginez que c'est un camarade qui vous pose les questions suivantes sur les distractions. Pour cet exercice il n'y a pas de réponses données sur la bande. Écrivez vos réponses dans votre cahier.*

> Exemple: -- Est-ce que tu vas au cinéma?
> -- *Oui, je vais au cinéma.*

1. _____

   _____

   _____

   _____

2. _____

3. _____

   _____

4. _____

5. _____,_____

_____

6. _____

_____

Situation 2 - Les études. *Imaginez qu'on vous pose des questions sur les études. C'est toujours un ami qui vous parle. Il n'y a pas de réponses données sur la bande. Écrivez vos réponses dans votre cahier.*

1. _____

_____

2. _____

3. _____

4. _____

5. _____

_____

6. _____

Exercice II

Imaginez qu'un ami vous parle de ses activités pendant un week-end typique consacré aux études. Pour chacune de ses activités, parlez aussi de ce que font ses amis en utilisant les indications données.

> Exemple: Vous entendez: Moi, j'étudie le calcul.
> Votre cahier indique: Toi, tu..., et tes amis...
> (aller en ville)
> Vous dites: *Toi, tu étudies le calcul et tes amis vont en ville.*

1. Toi, tu...., et tes amis....
   (prendre une pizza)
2. Toi, tu...., et tes amis....
   (voir des pièces de théâtre)
3. Toi, tu...., et tes amis....
   (flâner dans les rues)
4. Toi, tu...., et tes amis....
   (aller à un concert)
5. Toi, tu...., et tes amis....
   (visiter les musées scientifiques)
6. Toi, tu...., et tes amis....
   (organiser une excursion au bord de la mer)
7. Toi, tu...., et tes amis....
   (préparer un pique-nique)
8. Toi, tu...., et tes amis....
   (faire de la planche à voile)
9. Toi, tu...., et tes amis....
   (jouer à la balle)
10. Toi, tu...., et tes amis....
    (dormir)

Exercice III

Situation 1. *Imaginez que vous êtes malade et que vous ne pouvez pas sortir. Vous avez besoin de manger. Votre camarade de chambre s'occupe de vous. Donnez-lui les ordres suivants.*

    Exemple: Vous entendez: Dites à votre camarade de préparer
                                du thé.
              Votre cahier indique: (préparer/thé)
                        Vous dites: *Prépare du thé.*

1. (prendre voiture/aller au magasin)
2. (acheter/lait/pain/fromage)
3. (choisir/fruits)
4. (payer/carte de credit)
5. (revenir vite)

Situation 2. *Imaginez qu'une bonne amie vient vous parler de ses ennuis. Elle est très agitée. Employez la forme* **tu** *de l'impératif.*

1. (ne pas parler si vite)
2. (raconter/details)
3. (profiter/expérience)
4. (être/patiente/amis)
5. (faire/attention/avenir)

Situation 3. *Imaginez que vous êtes un professeur très sérieux. Donnez les conseils suivants à un étudiant. Employez la forme* **vous** *de l'impératif.*

1. (lire/texte)
2. (faire/devoirs)
3. (venir/voir/avoir/difficultés)
4. (avoir/courage/travailler/soir)
5. (résister/tentation/sortir)

Deuxième partie

COMPRÉHENSION

Écoutez d'abord le texte. Puis faites la dictée qui en est tirée. Ensuite répondez aux questions dans votre cahier. Le texte sera relu après la dictée.

La Diligence

Aujourd'hui, vous écouterez un texte de Victor Hugo, intitulé *La Diligence*. Dans ce pamphlet célèbre, Victor Hugo attaque Louis Napoléon, qui a pris le pouvoir par le coup d'État du 2 décembre 1851. L'année suivante, il a obtenu 7 500 000 voix au plébiscite qui allait faire de lui Napoléon III. Il a été empereur jusqu'en 1870.

Vocabulaire: diligence (f) *stagecoach*
saisis...à l'improviste *taken unawares*
souffler *to breathe*
brûler la cervelle (à quelqu'un) *to blow someone's brains out*
le pavé *the highway*
reins (m) *back*
fouiller *to search, rummage through*
malles (f) *suitcases*
pillées *pillaged*
de plein gré *willingly*
plume (f) *quill, pen*
boue (f) *mud*
étendre *to stretch out, extend*
gueule (f) *muzzle (of gun)*

Dictée

_____

_____

_____

_____

_____

_____

_____

_____

_____

_____

_____

_____

_____

_____

Maintenant, écoutez une seconde fois le texte entier, puis répondez aux questions dans votre cahier.

Questions

(Répondez par des phrases complètes.)

1. Quels forfaits *(crimes)* le brigand et ses complices commettent-ils?

_____

_____

_____

_____

_____

_____

_____

_____

_____

3. D'après cette anecdote, quelle est l'opinion de Victor Hugo sur
   la prise du pouvoir par Louis Napoléon?

_____

_____

_____

_____

_____

_____

4. Quels autres exemples de coups d'État pouvez-vous citer?

_____

_____

_____

_____

_____

TRAVAUX COMPLÉMENTAIRES

VÉRIFICATION

I. Refaites les phrases avec le sujet donné entre parenthèses.

1. Je fais de l'auto-stop.
   (Jean-Philippe)

   _____

2. Nous allons à Cuba.
   (Est-ce que tu)

   _____

3. Henri boit de l'eau avec tous ses repas.
   (Mes parents)

   _____

4. J'agis souvent sans réfléchir.
   (Ces enfants)

   _____

5. Mon père me dit toujours la même chose.
   (Vous)

   _____

6. Nous lisons l'*Express*.
   (Tu)

   _____

7. Nous devenons impatients.
   (Je)

   _____

8. Le lait contient des vitamines.
   (Les épinards)

   _____

9. Nous ne pouvons pas vous accompagner à Port-au-Prince.
   (Elle)

   _____

10. Ils dorment quelquefois sur le divan.
    (Henri)

    _____

11. Nous devons être à l'heure.
    (Tu)

    _____

12. Ce magazine vaut $3,50.
    (Ces bonbons)

    _____

13. Tu ne fais pas attention aux panneaux de signalisation
    (*traffic sign*s).
    (Le chauffeur de l'autre voiture)

    _____

14. Nous mourons de soif. Nous allons prendre une limonade.
    (Je)

    _____

15. Je crois à la réincarnation.
    (Mes amis)

    _____

16. Barbara met toujours des pulls pour aller au cours.
    (Edouard et Henri)

    _____

17. Mes amis connaissent un bon café près de la salle de concert.
    (Viviane)

    _____

II. **Révision des verbes à changements orthographiques.** *Mettez les verbes entre parenthèses à la forme correcte du présent ou de l'impératif.*

1. Christophe (ne pas nettoyer) _____ sa

   chambre. Il (jeter) _____ ses vêtements par

   terre sous le lit. Quel désordre!

2. Que faites-vous l'après-midi? -- Nous (nager) _____

   puis nous (étudier) _____ une heure ou deux.

3. J' (espérer) _____ qu'il fera beau demain.

   J'ai envie de faire une excursion.

4. -- Comment s' (appeler) _____ cet oiseau?

   -- C'est un perroquet.

5. Nous (ne pas manger) _____ parce que nous

   (essayer) _____ de maigrir.

6. Ils (amener) _____ souvent leur chien quand ils

   viennent dîner.

7. Quelle sorte de papier (employer) _____-tu?

8. Marie-Louise (acheter) _____ des légumes frais?

9. Laure (suggérer) _____ de faire une promenade dans

le bois.

10. D'un air résolu, l'agent de police a dit: « (Forcer)

_____ la porte s'il n'y a pas d'autre moyen

de pénétrer dans l'appartement.»

11. Notre invité (répéter) _____ toujours les mêmes

histoires sans s'en rendre compte.

III. *Mettez les verbes entre parenthèses au présent.*

Voyage circulaire (adapté librement d'un conte d'Émile Zola)

Il y a huit jours que Lucien Bérard et Hortense Larivière (être)

_____ mariés. Ils (travailler) _____ tous

les deux dans une petite boutique qu'ils ont reçue en cadeau de mariage

de Madame Larivière, la mère d'Hortense. Celle-ci (être)

_____ une femme prude, de caractère despotique, qui

(diriger) _____ les affaires de la boutique. Comme elle

(habiter) _____ une chambre qu'elle s'est reservée dans

l'appartement des jeunes gens, elle (surveiller) _____

constamment les nouveaux mariés et (désapprouver) _____

toute marque de tendresse et d'affection. Il n'est pas question de

s'embrasser dans la boutique, et le pauvre Lucien (envoyer)

_____ des baisers à sa femme quand sa belle-mere (avoir)

_____ le dos tourné.

Comme Hortense et Lucien n'ont pas eu de lune de miel, le père de

Lucien leur (offrir) _____ deux places de première classe

pour un voyage touristique en Normandie, un voyage circulaire.

Naturellement, Madame Larivière (être) _____ furieuse;

les jeunes gens (être) _____ fous de joie à l'idée de se

retrouver enfin seuls et de ne plus être sous la surveillance constante

de Madame Larivière.

Une fois montés dans le train, ils (chercher) _____

un compartiment vide, en (trouver) _____ un, mais (être)

_____ bientôt désolés de voir entrer un monsieur à

lunettes qui les (regarder) _____ constamment d'un air

sévère. Quand Lucien (prendre) _____ la main de sa femme,

les regards du monsieur (devenir) _____ plus sévères et

Hortense (rougir) _____ et (retirer) _____

sa main. Le voyage (commencer) _____mal.

Arrivés enfin à Rouen, ils (descendre) _____

dans un hôtel recommandé et (être) _____ aussitôt

la proie des garçons. Ils (ne guère oser) _____

parler à table devant tous les gens qui les (examiner) _____.

Ils (se coucher) _____ de bonne heure; mais

les murs de leur chambre sont si minces, que leurs voisins, à

droite et à gauche, (ne pas pouvoir) _____ faire un

mouvement sans qu'ils (l'entendre) _____. Alors,

ils (ne plus oser) _____ remuer, ni même tousser

dans leur lit.

　　Le lendemain matin, ils (aller voir) _____

tous les monuments indiqués sur le guide: la cathédrale, le palais

des ducs de Normandie, les vieilles églises, toutes les maisons

historiques. C'est comme un devoir qu'ils (remplir)

_____, et Hortense surtout (s'ennuyer) _____

à mourir. Elle (être) _____ si fatiguée qu'elle (dormir)

_____ dans le train quand ils (reprendre) _____

leur route.

　　Ils (visiter) _____ une ville après l'autre,

Le Havre, Cherbourg, de plus en plus ennuyés. Un jour, Lucien

(dire) _____ avec mélancolie à sa femme: «Je

(croire) _____ que je (préférer) _____

ta mère.»

　　Vers la fin de leur voyage, le train (s'arrêter)

_____ dans un petit village et Lucien (voir)

_____ un trou adorable de verdure perdu dans les

arbres. Il (dire) _____:

　　-- Descendons, ma chérie, descendons vite.

　　-- Mais ce village n'est pas sur le guide! Et nos bagages?

　　-- Je me moque bien du guide et de nos bagages. Viens, nous

　　　allons trouver une auberge.

Et Lucien (jeter) _____ le guide sur le quai.

Bientôt, ils (se trouver) _____ en pleine

campagne. Des oiseaux (chanter) _____ dans les

arbres, une rivière (couler) _____ au fond d'une

vallée. Enfin, les jeunes amoureux (être) _____

libres! Ils (arriver) _____ à une auberge où on

leur donne une grande chambre rustique.

Le soir, ils (se coucher) _____ tôt. Le matin,

ils (dormir) _____ tard, (prendre) _____

le petit déjeuner dans leur chambre et plus tard

(faire) _____ des promenades à deux dans la campagne.

Lucien et Hortense (être) _____ enchantés d'être ainsi

abandonnés dans un désert où personne (ne les soupçonner)

_____. Quelle semaine délicieuse!

Le septième jour, ils (rester) _____ surpris

et désolés d'avoir vécu si vite. Et ils (partir) _____.

Ils (ne pas même vouloir) _____ savoir le nom du

pays où ils se sont aimés.

De retour à Paris, on les (interroger) _____

sur leur voyage, mais leurs réponses (être) _____

bien vagues.

La mère d'Hortense, toujours aussi sévère, (hausser)

_____ les épaules et (murmurer) _____:

--Tu (voir) _____ bien que ça (ne pas valoir)

_____ la peine de voyager. Vous n'avez rien vu,

mes enfants, et vous (ne pas connaître) _____ les

monuments importants! Allons, Hortense, assez de folies, il

(falloir) _____ travailler maintenant.

IV. *Mettez les verbes entre parenthèses au présent, puis formez
   des ordres selon les indications qui suivent le texte.*

   Xavier est un vagabond incurable. Il (descendre)

_____ toujours chez ses amis à l'improviste,

quelquefois au beau milieu de la nuit, affamé et mort de fatigue.

Il (aller) _____ au réfrigérateur, se prépare un

sandwich, (remplir) _____ un grand verre de lait

qu'il (boire) _____ d'un trait. Ensuite, il

(passer) _____ au salon où il (choisir)

_____ le meilleur fauteuil, s'y installe, (mettre)

_____ ses pieds sur la table basse devant lui,

(lire) _____ le journal ou bien (dormir)

_____ comme un bienheureux jusqu'au matin. Il

(falloir) reconnaître _____ que c'est un drôle de

garçon.

Dites à Xavier...

1. . . . de ne pas boire le lait.

_____

2. . . . de ne pas mettre ses pieds sur la table basse.

_____

3. . . . de ne pas dormir dans le fauteuil.

_____

4. . . . d'être un peu mieux élevé.

_____

V. *Trouvez des solutions aux dilemmes suivants. Employez les verbes suggérés à l'impératif. Ajoutez d'autres verbes si vous le voulez.*

1. Votre camarade vous dit: «Je suis invité(e) à une soirée chez le président de l'université. Je n'ai qu'une paire de jeans.»
   Vous lui dites: (aller / acheter)

   _____

   _____

2. Vos parents vous disent: «Des amis de France viennent nous voir ce week-end, mais nous n'avons que deux billets pour aller au ballet.»
   Vous leur dites: (dire / proposer)

   _____

   _____

3. Votre camarade vous annonce qu'on a volé sa voiture.
   Vous lui dites: (prévenir la police / chercher)

   _____

   _____

4. Votre camarade de chambre est très désordonné(e).
   Vous lui dites: (nettoyer la chambre / ranger les affaires)

   _____

   _____

RÉALISATION

A. **Devoir écrit.** *Racontez un rêve (ou un cauchemar) que vous avez fait. Utilisez le présent.*

B. **Exposé oral.** *Imaginez que vous êtes une personne célèbre. Racontez vos activités quotidiennes.*

C. **Improvisation.** *Thierry fait le voyage Paris-Lyon à bord du T.G.V. En traversant le wagon où il est assis pour aller au bar, il entend des bribes de conversation.*

   1. «En été, je (faire) _____ souvent de

      l'autostop mais par ce mauvais temps, je (préférer)

      _____ prendre le train.»

   2. «Je (savoir) _____ que le lait (contenir)

      _____ beaucoup de vitamines mais je (suivre)

      _____ un régime et (ne pas pouvoir) _____

      en boire trop.»

   3. «Nous sommes désolés mais nous (ne pas pouvoir) _____

      vous accompagner à Monte-Carlo. . . .»

   En utilisant des verbes dans le <u>Tableau 2</u> (<u>La Grammaire à l'oeuvre</u>, <u>pages 4-5</u>), imaginez d'autres fragments de conversations que Thierry entend.

CHAPITRE **2**

Les Déterminants

LABORATOIRE

Première partie

AUTOMATISMES

Exercice 1

Mettez le nom complément au pluriel en faisant les changements nécessaires dans les déterminants. (Pour vous aider, une partie de la phrase est imprimée dans votre cahier.)

    Exemple: J'ai vu un lion au zoo.
             J'ai vu des lions au zoo.

1. (...tomate.)
2. (...comédie de Molière.)
3. (...article.)
4. (...clé.)
5. (...dictionnaire.)

6. (...disque.)
7. (...fenêtre.)
8. (...chemise.)
9. (...cahier.)

Exercice 2

Remplacez le nom féminin dans les phrases suivantes par le nom masculin donné, en faisant attention à la forme contractée de l'article.

> Exemple: L'odeur de la soupe me donnait toujours faim.
> (le rôti)
> *L'odeur du rôti me donnait toujours faim.*

1. (le parc)
2. (le communisme)
3. (le jeune homme)
4. (le directeur)

Exercice 3

Refaites la phrase que vous entendrez en substituant les pays donnés.

> Exemple: J'irai en France cet été. (la Belgique)
> *J'irai en Belgique cet été.*

1. (l'Autriche)
   (le Canada)
   (le Japon)
   (l'Australie)
   (Tahiti)
   (la Chine)

2. (l'Amérique latine)
   (le Portugal)
   (Monte-Carlo)
   (les États-Unis)
   (le Nebraska)
   (la Géorgie)

3. Ces étudiants viennent de France.
   (l'Allemagne)
   (le Mexique)
   (la Yougoslavie)
   (le Venezuela)
   (le Pérou)

4. Ces soldats se sont battus au Brésil.
   (la Russie)
   (le Cambodge)
   (Strasbourg)
   (l'Afrique du sud)
   (le Viet-nam)

Exercice 4

Refaites les phrases suivantes en employant l'expression avoir mal
à *à la place de* faire mal. (Pour vous aider, une partie de la
phrase est imprimée dans votre cahier.)

Exemple: Phillipe étudiait trop. Ses yeux lui faisaient mal.
Philippe étudiait trop. Il avait mal aux yeux.

1. (Marie est tombée.)
2. (J'ai couru une heure.)
3. (Vous avez beaucoup trop bu.)
4. (Après avoir fait des haltères, ...)
5. (Après le match de boxe, ...)

Exercice 5

Refaites les phrases suivantes avec l'expression être à. (Pour
vous aider, une partie de la phrase est imprimée dans votre
cahier.)

Exemple: Ces disques appartiennent à Louise.
Ces disques sont à Louise.

1. (Cette maison...)
2. (Cette plante...)
3. (Ce rasoir électrique...)
4. (Ces bibelots...)

Maintenant, refaites les mêmes phrases avec un pronom possessif.

Exemple: Ces disques appartiennent à Louise.
Ces disques sont les siens.

5. (Cette maison...)
6. (Cette plante...)
7. (Ce rasoir électrique...)
8. (Ces bibelots...)

MISE EN PRATIQUE

Exercice I

Répondez négativement aux questions.

> Exemple: -- Est-ce que tu prends de la sauce?
> -- *Non je ne prends pas de sauce.*

1. (Non, ...)
2. (Non, ...)
3. (Non, ...)
4. (Non, ...)

5. (Non, ...)
6. (Non, ...)
7. (Non, ...)
8. (Non, ...)

Exercice II

Refaites chaque phrase que vous entendrez en commençant par la phrase donnée dans votre cahier. Faites les changements nécessaires dans les articles.

> Exemple: Vous entendez: J'aime le jus d'orange.
> Votre cahier indique: Je ne prends pas de _____.
> Vous dites: *Je ne prends pas de jus d'orange.*

1. (Je bois...)
2. (Je ne prends pas...)
3. (J'ai peur de...)
4. (Je n'ai jamais vu...)

5. (Je ne m'intéresse pas...)
6. (Je n'ai pas beaucoup...)
7. (Je ne veux pas manger...)
8. (Je n'ai pas encore lu...)

Deuxième partie

COMPRÉHENSION

*Écoutez d'abord le texte. Puis faites la dictée qui en est tirée.
Ensuite répondez aux questions dans votre cahier. Le texte sera
relu après la dictée.*

Comment faire un boeuf bourguignon

Vocabulaire: boeuf (m): *beef*
              faire mariner: *to marinate*
              faire sauter: *to fry, sauté*
              faire cuire: *to cook*
              four moyen: *moderate oven (350 degrees)*
              faire revenir: *to brown meat* (revenu(e) = *browned*)
              huile d'olive (f): *olive oil*
              une poêle (f): *pan for frying*
              à petit feu: *on low heat*
              bouquet garni: *combination of thyme, bay leaf, and
                 parsley*
              à la vapeur: *steamed*
              Bourgogne: *a region of France noted for its red
                 wine and excellent cuisine*

Dictée

_____

_____

_____

_____

_____

_____

_____

_____

_____

_____

_____

_____

_____

_____

Maintenant, écoutez le texte une seconde fois, puis, répondez aux
questions dans votre cahier.

<u>Questions</u>

(Répondez par des phrases complètes.)

1. De quoi a-t-on besoin pour faire un boeuf bourguignon?

_____

_____

_____

_____

_____

2. À quel moment ajoute-t-on les champignons et les oignons?

_____

_____

_____

_____

À L'OEUVRE!   26

3. Qu'est-ce qu'on ajoute à la sauce si elle est trop liquide?

_____

_____

_____

_____

4. Que sert-on avec le boeuf?

_____

_____

_____

_____

5. Quels vins boit-on?

_____

_____

_____

6. Connaissez-vous une bonne recette?

_____

_____

_____

_____

_____

TRAVAUX COMPLÉMENTAIRES

VÉRIFICATION

I. *Substituez le mot entre parenthèses au mot en italique dans la phrase. Employez l'article correct.*

1. Elle allait souvent à la *campagne*. (théâtre)

_____

2. Il parlait de la *Révolution française*. (peuple français)

_____

3. Je suis resté à la *plage*. (hôtel)

_____

4. Nous faisons attention aux *détails importants*. (nuances)

_____

5. Prenez-vous du *bifteck*? (salade)

_____

II. *Mettez les phrases suivantes à la forme négative.*

1. Je reçois du courrier.

_____

2. J'ai vu une grenouille près du lac.

_____

3. Les joueurs comprennent les règles.

_____

4. Elle faisait du ski l'année dernière.

    _____

5. Frédéric a peur des chevaux.

    _____

6. Il y avait des places dans la salle.

    _____

7. Michel a acheté une trompette.

    _____

8. Nous aimons le saxophone.

    _____

9. Il y a des bananes dans ce dessert.

    _____

10. Cet opéra a de jolis airs.

    _____

III. *Refaites les phrases avec un pronom démonstratif à la place du nom en italique.*

1. Je vous montrerai *la plante* que ma mère m'a donnée.

    _____

2. Mon chien enterre *les os* (m. *bones*) qu'on lui donne.

    _____

3. Le magasin ne reprendra pas *les robes* qui étaient soldées

    (*on sale*).

    _____

4. Nous n'avons pas vu *ces films* dont on dit tant de bien.

   _____

5. *Les appareils photo* que j'ai vus coûtaient très cher.

   _____

6. Voilà *le magazine* que tous les jeunes lisent.

   _____

IV. *Remplacez les tirets par* ce, cela, *ou* il, elle.

1. Connaissez-vous Marie-France? _____ est

   étudiante à l'École Normale Supérieure. _____

   est une jeune fille très sympathique. _____

   est la première fois qu'elle vient en Amerique. _____

   l'inquiète un peu parce qu'elle ne parle pas très bien

   l'anglais. Elle suit des cours et elle enseigne aussi.

   _____ est difficile mais très intéressant.

   Pendant les vacances, elle louera une voiture et ira

   visiter tous les parcs nationaux. Ses amis lui ont dit

   que _____ est la meilleure façon de voir le

   pays.

2. Je n'ai jamais rencontré son père. _____ est

   avocat à San Francisco. _____ est un homme

   célèbre depuis qu'il a fait acquitter M. X.

_____ était un procès incroyable, parce que

toutes les preuves étaient contre l'accusé jusqu'au

dernier moment.

V. *Refaites chaque phrase en substituant le pays donné entre parenthèses.*

1. Ce jeune homme vient du Canada. (Pérou)

_____

2. Ces divans sont fabriqués en Norvège. (Danemark)

_____

3. Le secrétaire d'État est allé en Afrique. (Cuba)

_____

4. Mon cousin est né au Maroc. (Brésil)

_____

5. Ces jeunes gens ont étudié en Suisse. (Mexique)

_____

6. Marcel a passé un an en Italie. (États-Unis)

_____

VI. *Remplacez les tirets par l'adjectif possessif, le pronom possessif ou l'article défini qui convient. Dans les cas où il faut un adjectif ou un pronom possessif, les mots en italique indiquent quelle personne du possessif il faut employer.*

1. *Mes parents* décorent _____ arbre de Noël

le vingt-quatre décembre.

2. *Chacun* a pris _____ temps pour finir le

travail.

3. Ne sachant pas quoi dire, Luc a haussé _____
épaules.

4. *Nous* avons nettoyé _____ chambre avant de
sortir.

5. *Tous les invités* avaient rangé _____
voitures dans le parking à côté de la maison.

6. Après s'être lavé _____ cheveux, Marthe
est allée faire des courses.

7. *Jean-Michel* a réparti les pièces d'or également entre
_____ amis. *Eux* ont mis _____
à la banque. *Lui* a employé _____ pour acheter
un ordinateur.

8. *J'ai rangé _____ livres sur _____
étagère. Où avez-*vous* mis _____?

9. _____ radio, que j'ai achetée d'occasion,
ne marche pas. Où as-*tu* fait réparer _____?

10. Le détective peu scrupuleux a appuyé _____
oreille contre la porte pour mieux entendre ce que les
gens disaient dans le salon.

Chapitre 2

VII. *Faites des phrases avec:*

1. avoir du mal à + infinitif

   _____

   _____

2. avoir mal à + partie du corps

   _____

   _____

3. par avion

   _____

   _____

4. en avion, en bateau, en voiture, etc.

   _____

   _____

5. en trois ans

   _____

   _____

6. avoir envie de

   _____

   _____

7. la plupart de

   _____

   _____

8. une foule de

_____

_____

RÉALISATION

A. **Discussion de classe.** *Les fêtes traditionnelles en famille.*

B. **Exposé oral.** *À la manière de la publicité à la télévision, essayez individuellement ou en groupes, de persuader les membres de votre classe d'acheter un produit ou de faire quelque chose.*

CHAPITRE 3

Le Passé

LABORATOIRE

Première partie

AUTOMATISMES

Exercice 1

*Remplacez le passé composé par l'imparfait dans les phrases
suivantes.*

Exemple: Elle a lu le journal.
          Elle lisait le journal.

1. (...danser...)
2. (...souliers...)
3. (...beaucoup de gens.)
   questions.)
4. (...répondre aux questions.)
5. (...du mal à stationner.)

6. (...du champagne.)
7. (...des lettres.)
8. (...mes idées.)
9. (...malade.)

Exercice 2

Mettez le passé composé à la place de l'imparfait dans les phrases suivantes.

> Exemple: J'avais faim.
> *J'ai eu faim.*

1. (...avec facilité.)
2. (...chez le dentiste.)
3. (...taciturne.)
4. (...les phrases.)
5. (...les meilleures places.)
6. (...à sept heures.)
7. (...le professeur.)
8. (...romans du 19ᵉ siècle.)

Exercice 3

Mettez les verbes dans la série suivante au passé composé. Faites attention à l'auxiliaire.

> Exemple: Elle mange.
> *Elle a mangé.*
>
> Elle vient.
> *Elle est venue.*

1. (...à sept heures.)
2. (...le petit déjeuner.)
3. (...son journal.)
4. (...à sept heures et demie.)
5. (...l'autobus.)
6. (...par la fenêtre.)
7. (...passagers.)
8. (...à huit heures dix.)
9. (...travailler.)
10. (...à midi.)
11. (...à cinq heures.)
12. (...le dîner.)
13. (...la télévision.)
14. (...à dix heures.)

MISE EN PRATIQUE

Exercice I

Mettez les phrases que vous entendrez au passé composé.

    Exemple: Elle écrit beaucoup de lettres.
              Elle a écrit beaucoup de lettres.

              Il rentre tard du bureau.
              Il est rentré tard du bureau.

1. (...la biologie.)
2. (...Bangkok.)
3. (...un ordinateur...)
4. (...des cours d'informatique.)
5. (...champagne.)
6. (...insomnies.)
7. (...notre studio.)
8. (...Israël.)
9. (...en hiver.)
10. (...Dan Akroyd.)

Exercice II

Donnez le participe passé des verbes que vous entendrez.

    Exemple: voir
             vu

1. . . . . . .
2. . . . . . .
3. . . . . . .
4. . . . . . .
5. . . . . . .
6. . . . . . .
7. . . . . . .
8. . . . . . .
9. . . . . . .
10. . . . . . .
11. . . . . . .
12. . . . . . .
13. . . . . . .
14. . . . . . .
15. . . . . . .
16. . . . . . .
17. . . . . . .
18. . . . . . .
19. . . . . . .
20. . . . . . .

Exercice III

Mettez les phrases que vous entendrez à l'imparfait.

  Exemple: J'écris chaque semaine à mon ami(e).
            J'écrivais chaque semaine à mon ami(e).

1. (...trop vite...énervé(e).)   6. (...ma bicyclette.)
2. (...jus d'orange chaque   7. (...avant de répondre.)
   matin.)   8. (...au ping-pong...)
3. (...sport au lycée.)   9. (...la parapsychologie...)
4. (...à Paris.)   10. (...articuler clairement
5. (...réincarnation.)   en anglais...)

Exercice IV

Refaites les phrases que vous entendrez en commençant par **Il ne savait pas que.** . . . *Utilisez le plus-que-parfait. La phrase que vous entendrez sera répétée.*

      Exemple: J'ai travaillé jusqu'à minuit.
                *Il ne savait pas que j'avais travaillé jusqu'à
                minuit.*

1. [...(courir) toute la matinée.]
2. [...(aller) au cinéma.]
3. [...(recevoir) une lettre anonyme à son sujet.]
4. [...(faire la fête) jusqu'à deux heures du matin.]
5. [...(sortir) avant le petit-déjeuner.]
6. [...(monter) jusqu'à 20%.]

Exercice V

Répondez à la première question affirmativement et à la deuxième négativement. Employez des pronoms objets.

      Exemple: -- As-tu compris cet article de journal?
                -- *Oui, je l'ai compris.*
                -- Et cette explication?
                -- *Non, je ne l'ai pas comprise.*

1. (...article?)
   (Et cette lettre?)
2. (...la vaisselle hier soir?)
   (Et tes devoirs?)

3. (...la fenêtre?)
   (Et le tiroir du bureau?)
4. (...ta chemise dans le placard?)
   (Et ton chapeau?)
5. (...ce poème de Prévert?)
   (Et ces maximes (f.) de La Rochefoucauld?)

Deuxième partie

COMPRÉHENSION

Écoutez d'abord le texte. Puis faites la dictée qui en est tirée. Ensuite répondez aux questions dans votre cahier. Le texte sera relu après la dictée.

Les Cerises (extrait librement adapté)

Aujourd'hui vous écouterez un extrait des *Confessions* de Jean-Jacques Rousseau,[1] qui évoque un souvenir de jeunesse en Suisse. C'est le mois de juillet 1730.

Vocabulaire: Mlle Galley
Mlle de Graffenried
vallon (m): *valley*
ruisseau (f): *stream, brook*
goûter (m): *afternoon snack, tea*
tenir en haleine: *to keep waiting (breathless)*
verger (m): *orchard*
noyaux (m pl): *pits*
tablier (m): *apron*
reculer: *to tilt back*
viser: *to aim*
sein (m): *breast, bosom*
et de rire: *(idiom) and everyone laughed*
de bon coeur: *willingly*
folâtrer: *to frolic, romp*

Dictée

_____

_____

_____

_____

[1]Rousseau, Jean-Jacques (1712-1778). Écrivain et philosophe. La première partie de ses *Confessions*, dont est tirée la lecture, a paru en 1782.

_____

_____

_____

_____

_____

_____

_____

_____

_____

_____

Maintenant, écoutez une seconde fois le texte entier, puis répondez aux questions dans votre cahier.

Questions

(Répondez par des phrases complètes.)

1. Comment Jean-Jacques a-t-il rencontré les jeunes femmes?
   Qu'a-t-il fait pour leur rendre service?

_____

_____

_____

_____

_____

_____

_____

_____

_____

_____

_____

2. Comment Mlle Galley et Mlle de Graffenried ont-elles remercié
   Rousseau de son aide?

_____

_____

_____

_____

_____

_____

_____

3. Quels sentiments Rousseau exprime-t-il dans cet extrait?

_____

_____

_____

_____

_____

_____

4. Vous est-il arrivé de rendre service à quelqu'un dans des circonstances imprévues? Racontez brièvement.

_____

_____

_____

_____

_____

_____

_____

_____

_____

_____

_____

À L'OEUVRE!   46

TRAVAUX COMPLÉMENTAIRES

VÉRIFICATION

I. *Mettez les verbes au passé composé. Faites attention aux passés composés irréguliers et à l'accord.*

1. Je (commencer) _____ la leçon.

2. Quel dessert est-ce que tu (choisir) _____?

3. Il (vivre) _____ trois ans en Espagne.

4. Le magicien (sortir) _____ un lapin du chapeau.

5. Combien de médailles est-ce que Carole (recevoir) _____?

6. Je (ne pas suivre) _____ vos conseils, hélas!

7. Papa (aller) _____ chez le marchand de vin et il (revenir) _____ avec un magnum de champagne.

8. Françoise m'(offrir) _____ une veste en cuir pour mon anniversaire.

9. Ce révolutionnaire (mourir) _____ très jeune.

10. Elles (naître) _____ en 1946.

11. Ma femme et moi nous (rentrer) _____ de voyage hier.

12. Les marins (boire) _____ une bière dans un café du port.

13. Quand est-ce que tu (apprendre) _____ à nager?

14. Le facteur (*postman*) (ne pas venir) _____ ce matin.

15. Liliane (tomber) _____ amoureuse d'un chanteur de cabaret.

16. Mes soeurs (ne jamais aller) _____ à Tahiti.

17. L'autre jour, je (courir) _____ dix milles pour la première fois.

18. Bernard (ne pas pouvoir) _____ obtenir de places au théâtre.

19. Il (traduire) _____ plusieurs romans de Faulkner en français.

20. Elsa (ne pas me croire) _____, pourtant, je disais la vérité.

II. *Mettez les phrases suivantes à l'imparfait.*

1. Ce vieillard excentrique (recevoir) _____ tous ses amis en robe de chambre.

2. Patrick nous (rejoindre) _____au café après son travail.

3. Le pilote (voir) _____ les lumières de la ville, mais (ne pas savoir) _____ s'il y aurait assez d'essence pour y arriver.

4. Quand nous (être) _____ à Paris, nous (voir)

    _____ une pièce de théâtre chaque semaine.

5. Il (ne pas pouvoir) _____ supporter la perte de

    sa femme et (noyer) _____ son chagrin dans

    l'alcool.

6. Flaubert (lire) _____ ses oeuvres à haute voix

    quand il (écrire) _____.

7. Elle (prendre) _____ son temps pour déjeuner.

8. Les enfants qui (habiter) _____ ce village ne

    (savoir) _____ ni lire ni écrire.

III. *Mettez les verbes des phrases suivantes aux temps voulus du passé.*

1. Je rentre parce qu'il fait froid.

    _____

    _____

2. Il prend une autre tranche de rosbif parce qu'il a faim.

    _____

    _____

3. Il ne répond pas parce qu'il ne sait pas la réponse.

    _____

    _____

4. Quand j'ai besoin d'argent, je travaille le soir.

_____

_____

5. Quand son travail l'ennuie, il s'endort.

_____

_____

6. Je lui offre des roses parce que je crois qu'elle les aime.

_____

_____

7. Je finis le livre et je le rends à la bibliothèque.

_____

_____

8. Il va au cinéma quand il veut.

_____

_____

IV. *Mettez les verbes entre parenthèses au temps correct du passé composé, imparfait, plus-que-parfait, futur du passé (conditionnel présent).*

Souvenir d'enfance

Quand j'(être) _____ jeune, nous n'(habiter)

_____ pas loin d'une immense propriété depuis

longtemps abandonnée. Mon frère Richard, notre ami Roger et moi

nous y (aller) _____ presque tous les jours en

secret. Nous (espérer) _____ que personne ne nous

y (suivre) _____, car on (afficher) _____

à plusieurs endroits le long des murs qui (entourer) _____

le domaine: «Interdit au public.» «Défense d'entrer.» Nous

(découvrir) _____ ce grand parc un jour où nous

(faire) _____ une promenade dans les bois près du

quartier où nous (habiter) _____.

Un jour, nous (décider) _____ d'explorer le

parc, parce qu'un des amis de Roger lui (dire) _____

qu'une vieille maison abandonnée (s'y trouver) _____.

Elle (cacher) _____ sûrement des trésors

merveilleux. Mais comment y parvenir?

Le jour de notre première tentative, nous nous sommes perdus.

Roger (declarer) _____ vingt fois qu'il (reconnaître)

_____ le chemin. Comme c'(être) _____

lui le chef de bande, je (ne pas vouloir) _____ lui

dire que cela (faire) _____ une heure que nous

(tourner) _____ en rond. Enfin, quand nous (être)

_____ presque à bout de force, Roger, après avoir

grimpé dans un sapin, (croire) _____ apercevoir une

tour qui (scintiller) _____ dans le soleil

couchant. Pleins d'espoir, nous (courir) _____

dans la direction indiquée par Roger et bientôt, nous (déboucher)

_____ sur un pré. Là, devant nos yeux, se

dressaient les ruines d'un vieux château.

C'(être) _____ notre château ... et il (falloir)

_____ le défendre contre les Sarrassins. Nous

(être) _____ soldats, empereurs, chevaliers.

Des remparts du château, on (voir) _____ les

toits de notre village au loin, mais ce n'(être) _____

qu'à la tombée de la nuit que nous (décider enfin) _____

de quitter le domaine fabuleux pour regagner la maison.

Ma mère (attendre) _____ au seuil de la porte.

--Où donc (être) _____-vous?

Mon frère, en nous lançant un clin d'oeil, a répondu:

--Oh, nous (aller) _____ ...jusqu'en Chine.

Naturellement, ma mère (ne pas le croire) _____

mais elle (comprendre) _____ qu'il (ne pas falloir)

_____ poser de questions. À partir de ce jour-là,

il (suffire) _____ que l'un de nous dise: «Allons

en Chine!» pour que nous partions tous à l'aventure dans le pays

défendu, pour retrouver le château qui (charmer) _____

notre jeunesse et qui rayonne encore dans mon souvenir.

V. *Mettez les verbes au temps correct du passé: passé composé,*
   imparfait, plus-que-parfait.

Quand je (entrer) _____ dans le restaurant, il

y (avoir) _____ beaucoup de monde. Au bar,

plusieurs personnes (prendre) _____ l'apéritif.

Les gens à table (manger) _____ et (boire)

_____ avec animation. Tout d'un coup, il y (avoir)

_____ un grand bruit et un homme masqué, armé de

deux revolvers, (entrer) _____ dans la salle. Il

(porter) _____ une chemise sale, et ses bottes

(être) _____ couvertes de boue. Un grand chapeau

noir lui (couvrir) _____ les yeux. Sans dire un

mot, il (aller) _____ au bar où il (saisir)

_____ une bouteille de cognac et (boire)

_____ à même la bouteille (*right out of the*

bottle). Pendant qu'il buvait, tout le monde le (regarder)

_____ avec étonnement, mais personne n'(oser)

_____ s'approcher de lui ni appeler au secours. Il

(falloir) _____ pourtant avertir la police. Comme

j'étais assis près d'une fenêtre et qu'une cloison (séparer)

_____ ma table du bar, je (pouvoir) _____

sortir sans être vu, mais je (craindre) _____

d'attirer l'attention du voleur en faisant du bruit. En regardant

mon assiette vide devant moi, je (avoir) _____ une

idée. Je (prendre) _____ l'assiette et je la

(lancer) _____ de toutes mes forces de l'autre côté

de la pièce. Le bruit (distraire) _____ le voleur

et je (pouvoir) _____ sortir du restaurant. Je

(aller) _____ en courant au commissariat de police

où je (raconter) _____ à un agent ce qui (arriver)

_____ au restaurant. D'abord, il (ne pas me

croire) _____. Je (être) _____

tellement énervé et je (bredouiller) _____ tant

qu'il (penser) _____ que j'étais saoûl, et il me

(mener) _____ devant le commissaire de police. Je

(devoir) _____ lui raconter une deuxième fois en

détail tout ce que je (voir) _____. Enfin, le chef

(donner) _____ l'ordre à trois voitures de police

de partir pour le restaurant. Je les (suivre) _____

à pied et je (arriver) _____ devant le restaurant

juste à temps pour voir deux agents qui (faire) _____

monter le voleur dans une des voitures.

Plus tard, je (apprendre) _____ l'histoire

complète. Le bandit, après avoir pris tout l'argent de la caisse,

(vouloir) _____ s'emparer de tous les objets de

valeur dans le restaurant. Quand les agents (entrer) _____

dans la salle, il (arracher) _____ un collier de diamants

à une dame, et c'est à peine s'il les (entendre) _____

arriver. Le compte-rendu qui (paraître) _____ dans

le journal le lendemain de la tentative de vol (décrire)

_____ de façon très élogieuse la part que je

(jouer) _____ dans l'arrestation du voleur.

Sa cupidité lui (valoir) _____ deux ans de

prison.

VI.   **Travail avancé.** *Mettez le passage suivant au passé en employant le passé composé, l'imparfait, le plus-que-parfait, le futur du passé, etc.*

Je viens de passer deux jours de solitude bénie dans une chambre d'hôpital, quand une infirmière vient m'annoncer qu'un M. Coplin occupera le lit à côté du mien. Il entre dans la chambre, devancé par sa femme. En le voyant, je ne peux retenir un mouvement d'irritation. Sa figure ridée et sa peau blême me dégoûtent, car dans mon égoïsme de malade, je ne veux voir que des gens en bonne santé. Mme Coplin aussi m'agace. Elle tourne nerveusement dans la chambre et ne cesse de se plaindre d'une voix geignarde entrecoupée de soupirs. Rien ne paraît lui convenir. Après avoir rangé dans un placard trop petit les quelques vêtements qu'elle a apportés dans une valise bleue, elle constate avec chagrin qu'il n'y a pas de verre pour la brosse à dents de son mari. Le lit est trop près de la fenêtre et trop loin du lavabo. Elle semble complètement désemparée dans ce milieu hostile.

Elle commence avec son mari un jeu qui d'abord me paraît un peu étrange: elle lui prend la main et à plusieurs reprises le fait marcher de son lit à la salle de bains en lui expliquant avec minutie la disposition des objets dans la chambre. M. Coplin, très droit, suit docilement. En peu de temps il a appris à circuler dans la chambre tout seul. Je comprends enfin qu'il est aveugle. Plus tard j'apprends que cette affliction date de six semaines seulement et qu'il a fêté tout récemment ses quatre-vingt-trois ans. Dans quelques jours le chirurgien tentera une opération difficile destinée à lui rendre la vue au moins partiellement. La réussite en est incertaine. Entre-temps il va subir de nombreux examens préopératoires.

M. Coplin reste des heures entières dans un fauteuil, perdu dans ses pensées. Il a enfoncé dans une oreille l'écouteur de son transistor. Il tient l'appareil de ses deux mains et joue sans arrêt avec les boutons par désoeuvrement plutôt que pour régler le poste. De temps à autre, il fait les cent pas dans la chambre. Comme les médecins lui ont défendu de s'aventurer dans les couloirs de l'hôpital sans aide et qu'il souffre depuis longtemps d'une mauvaise circulation, ce minimum d'exercice lui est indispensable.

Une seule fois il m'adresse la parole et le son grave de sa voix exprime une inquiétude qui le ronge. «Vous comprenez,» dit-il à l'obscurité qui l'entoure, «ce n'est pas pour moi que je me fais du souci mais pour ma pauvre femme. Mon état de santé la rend si nerveuse.»

Les sentiments hostiles que j'ai éprouvés à l'arrivée de ce brave vieillard cèdent à l'admiration que mérite cette bonté d'âme si simplement exprimée.

RÉALISATION

A. **Devoir écrit.** *Évoquez un souvenir d'enfance qui vous est particulièrement cher. Utilisez dans la mesure du possible, les termes d'enchaînement* d'abord, puis, ensuite, enfin *et les expressions comme* puisque, cependant, d'ailleurs, avant de + *infinitif,* après avoir + *infinitif passé.*

B. **Exposé oral.** *Préparez une édition spéciale du journal parlé (émission d'actualités à la télévision). Vous pouvez, si vous le voulez, assumer l'identité d'un présentateur (d'une présentatrice) connu(e), par exemple: Dan Rather ou Barbara Walters.*

C. **Devoir écrit.** *Imaginez que c'est votre troisième réincarnation et racontez une de vos vies antérieures.*

CHAPITRE **4**

L'Interrogation

LABORATOIRE

Première partie

AUTOMATISMES

Exercice 1

Transformez les phrases suivantes en questions en utilisant l'intonation ascendante.

Exemple: Vous êtes fatigué.
          Vous êtes fatigué?

1. . . . . .   6. . . . . .
2. . . . . .   7. . . . . .
3. . . . . .   8. . . . . .
4. . . . . .   9. . . . . .
5. . . . . .   10. . . . . .

Exercice 2

Intonation des questions qui commencent par un mot interrogatif:
quand, combien, qui, que, *etc.* *Répétez les questions que vous entendrez en imitant bien l'intonation.*

Exemple: Où es-tu allé hier soir?
Où es-tu allé hier soir?

1. . . . . .   8. . . . . .
2. . . . . .   9. . . . . .
3. . . . . .   10. . . . . .
4. . . . . .   11. . . . . .
5. . . . . .   12. . . . . .
6. . . . . .   13. . . . . .
7. . . . . .

Exercice 3

Refaites les phrases en ajoutant **n'est-ce pas.** *Imitez l'intonation.*

Exemple: Elle est très studieuse.
Elle est très studieuse, n'est-ce pas?

1. . . . . .
2. . . . . .
3. . . . . .
4. . . . . .
5. . . . . .

MISE EN PRATIQUE

Exercice I

*Imaginez que vous êtes un administrateur de l'École Polytechnique.
Vous rédigez un questionnaire. Les questions vous viennent à
l'esprit sous leur forme parlée (avec* **est-ce que***). Transformez
ces questions, que vous entendrez, en style plus formel avec
l'inversion du verbe et du sujet. (Pour vous aider, une partie du
contexte est imprimée dans votre cahier.)*

    Exemple: Est-ce que vous voulez étudier en France?
               Voulez-vous étudier en France?

1. (étudier le français)
2. (connaître d'autres langues)
3. (souhaiter entrer à
     Polytechnique)
4. (recevoir votre diplôme)
5. (parents / être prêts /
     soutenir financièrement)

6. (faire des stages)
7. (d'autres écoles /
     intéresser)
8. (carrière / envisager)

Exercice II

*Imaginez que vous allez faire un tour dans un zoo. Le gardien est
très sympathique et vous lui posez les questions que vous
entendrez mais en les transformant en leur forme longue avec* **est-
ce-que***. (Pour vous aider, une partie du contexte est imprimée
dans votre cahier.)*

    Exemple: Quand a-t-on construit ce zoo?
               Quand est-ce qu'on a construit ce zoo?

1. (nourrir les animaux)
2. (les renards / manger)
3. (donner ces cacahouètes)
4. (girafes / faire)
5. (reprocher / à l'ancien
     vétérinaire)

6. (ces lions rugir)
7. (avoir / animaux)
8. (les tigres / venir)
9. (zoo / fermer)
10. (les gens / poser / des
     questions)

Imaginez que vous avez trouvé une situation (un emploi) et que vous avez rendez-vous avec le directeur du personnel. Posez-lui les questions que vous entendrez mais en les mettant à la forme courte.

Exemple: Vous entendez: À quelle heure est-ce que les bureaux
ferment?
Vous dites: *À quelle heure ferment les bureaux?*

1. (adresser les papiers pour la Sécurité sociale?)[1]
2. (donner / mon chèque)
3. (mon bureau / se trouver)
4. (mon bureau / n'avoir pas)
5. (vouloir / que je parle aux clients)
6. (falloir faire / en cas d'incendie?)
7. (compter m'augmenter)
8. (pouvoir / jouer au tennis?)
9. (semaines de congé / avoir droit)
10. *Puis le directeur vous demande:* (compter travailler)

---

[1]**Sécurité sociale** Organisme servant à protéger les individus et les familles contre certains risques sociaux (assurances sociales, assurances contre les accidents, etc).

Deuxième partie

COMPRÉHENSION

Écoutez d'abord le texte. Puis faites la dictée qui en est tirée. Ensuite répondez aux questions dans votre cahier. Le texte sera relu après la dictée.

Tempête sous un crâne

Le texte que vous écouterez aujourd'hui est une scène tirée des *Misérables* de Victor Hugo où le héros, Jean Valjean, traverse une crise de conscience.

Vocabulaire: Javert *the police inspector*
Champmathieu *an innocent prisoner*
se livrer *to turn oneself in*
chandelle (f) *candle*
à pareille heure *at this same time*

Dictée

_____

_____

_____

_____

_____

_____

_____

_____

_____

_____

_____

_____

_____

_____

_____

Maintenant, écoutez une seconde fois le texte entier, puis
répondez aux questions dans votre cahier.

<u>Questions</u>

(Répondez par des phrases complètes.)

1. Pourquoi Jean Valjean est-il angoissé?

_____

_____

_____

2. Quelle présence est rentrée dans la chambre de Jean Valjean
   malgré ses précautions?

_____

_____

_____

3. Quels gestes (et quelles actions) révèlent le tourment dans
   lequel Jean Valjean se trouve?

_____

_____

_____

_____

4. Quelle signification attribuez-vous au fait qu'il n'y a pas
   d'étoiles dans le ciel?

   _____

   _____

   _____

   _____

5. Avez-vous déjà eu un cas de conscience? Racontez brièvement.

   _____

   _____

   _____

   _____

   _____

   _____

TRAVAUX COMPLÉMENTAIRES

VÉRIFICATION

I. *Transformez les phrases suivantes en questions en employant les adverbes ou expressions adverbiales donnés entre parenthèses.*

1. Les lettres sont arrivées. (Quand)

   _____

   _____

2. Elle n'a pas pris ses vitamines. (Pourquoi)

   _____

   _____

3. Ma mère a rangé (*put away*) mes papiers. (Où)

   _____

   _____

4. Les soldats ont réussi à traverser la rivière. (Comment)

   _____

   _____

5. Frédéric ne joue plus au tennis. (Depuis quand)

   _____

   _____

6. Elle refuserait de collaborer. (Pourquoi)

_____

_____

7. Robert et Léah sont descendus dans la vallée. (À quel moment)

_____

_____

8. Richard joue dans l'orchestre de l'université. (Depuis combien de temps)

_____

_____

9. Le douanier (*customs officer*) a ouvert le paquet. (Pourquoi)

_____

_____

10. Les étudiants dînent. (Où)

_____

_____

II. *Remplacez les tirets par* **quel, lequel, auquel, duquel**, etc.

1. --Avez-vous vu son chien? -- _____?

   --Celui qu'il a trouvé dans le parc.

2. Par _____ miracle sommes-nous sortis de là?

3. _____ situation trouvez-vous la plus ennuyeuse?

4. _____ de ces instruments s'est-il servi?

5. _____ difficultés avez-vous eues?

6. _____ de ces jeunes filles avez-vous envoyé des

invitations?

7. -- _____ est l'importance de ce passage?

-- _____? -- De celui que je viens de lire.

III. *Formez une question avec* lequel, auquel, duquel, *etc. à
partir de la phrase donnée. Suivez le modèle.*

        Exemple: -- J'ai vendu quelques-uns de mes tableaux.
               -- Lesquels avez-vous vendus?

1. -- Marie avait envie d'un de ces chapeaux.

   -- _____

2. -- Ils ont voté pour plusieurs réformes.

   -- _____

3. -- Annette a téléphoné à une de ces dames.

   -- _____

4. -- Ils ont choisi une de ces couleurs.

   -- _____

5. -- Il a fait allusion à certains troubles psychologiques.

   -- _____

IV. *Employez l'inversion pour les questions suivantes.*

1. Pourquoi est-ce que votre ami parle si vite?

   _____

2. Qu'est-ce que vous voulez?

   _____

3. Est-ce qu'Alain vous écrira?

   _____

4. De quoi est-ce que les malades se plaignent?

   _____

5. Qu'est-ce que vous faisiez?

   _____

6. Est-ce que vous me le rendrez demain?

   _____

7. Où est-ce que les avions atterriront?

   _____

8. Combien de temps est-ce qu'il faut pour aller de Paris à
   Cannes?

   _____

   _____

9. Est-ce que François vous l'a prêté?

   _____

10. Qu'est-ce que ta cousine fait ce week-end?

    _____

V. *Écrivez la question qui correspond à chacune des affirmations suivantes. Il y a parfois plusieurs possibilités.*

1. Mes amis jouent aux cartes.

   _____

   _____

2. Sa voiture a besoin de nouveaux freins (*brakes*).

   _____

   _____

3. Jacques prendra votre place.

   _____

   _____

4. Je me suis disputée avec Alexis. (*Employez* tu *dans la question.*)

   _____

   _____

5. On m'a promis une augmentation de salaire.

   _____

   _____

6. Ma voisine est rentrée d'Ontario hier.

   _____

   _____

7. J'ai envoyé la lettre par avion.

_____

_____

8. Je mettrai le revolver dans le tiroir de la table à côté de
   la fenêtre.

_____

_____

9. Le dîner a coûté $30 par personne.

_____

_____

10. Elle est allée au Portugal avec son ancien mari.

_____

_____

11. Je vais mettre un pantalon et un pull-over.

_____

_____

12. Je reverrai mes grands-parents à Noël.

_____

_____

13. Nous les avons vus à Cannes pendant le festival.

_____

_____

14. J'en ai acheté une douzaine.

_____

_____ _____

15. Ils iront à l'aéroport en taxi.

_____

_____

16. Yves a parlé le premier.

_____ _____

_____

17. Sa jambe lui fait mal.

_____

_____

18. J'ai choisi celle qui vient d'arriver de France. (*Employez* **vous** *dans la question.*)

_____

_____

19. Fabien prend un sorbet à l'ananas (*pineapple*).

_____

_____

20. Nous avons construit le mur avec de vieilles briques.

_____

_____

VI. *Faites des questions avec les éléments donnés. Répondez à vos questions avec* **Cela fait** + *expression de temps* + **que**.

1. Depuis quand / étudier / tu / français?

   _____

   _____

2. Depuis quand / Lydie / habiter / Lyon?

   _____

   _____

3. Depuis quand / leurs amis / faire / yoga?

   _____

   _____

4. Depuis quand / attendre / vous / vos amis?

   _____

   _____

VII. *Terminez les phrases suivantes.*

1. Cela fait cinq mois que_____

   _____ .

2. Sylvestre et Brigitte ne sortent plus depuis que _____

_____.

3. Voilà plusieurs mois que _____

_____.

4. Je fais des mots-croisés (*crossword puzzles*) depuis _____

_____.

5. Il y avait un an que _____

_____.

VIII. **Constructions**. *À partir du contextè donné, faites une phrase selon votre imagination avec le verbe entre parenthèses. (Voir Étude de verbes, page 70, de La Grammaire à l'oeuvre.)*

1. Vous voyez de beaux fruits exotiques chez le fruitier. Quelle question lui posez-vous? (valoir)

_____

_____

2. Vous essayez des vêtements dans un magasin et vous décidez de ne rien acheter. Vous dites: (convenir)

_____

_____

3. On vous demande ce qu'il y a dans votre réfrigérateur. Vous répondez: (rester)

_____

_____

4. Vous entendez un bruit terrible dans la chambre à côté de
   la vôtre. Quand vous y arrivez, vous voyez de la fumée.
   Vous demandez: (arriver)

   _____

   _____

5. Vous voulez emprunter de l'argent à votre ami. Il vous
   offre $500 mais vous estimez que c'est trop. Vous lui
   dites: (suffire)

   _____

   _____

RÉALISATION

A. **Devoir écrit.** *Quel est votre emploi du temps pendant les*
   vacances?

B. **Sketch.** *Illustrez par une représentation dramatique un des*
   proverbes suivants:
   «Le temps, c'est de l'argent.»
   «Rien ne sert de courir, il faut partir à point.[2]»
   -La Fontaine, <u>Le Lièvre et la tortue</u>

C. **Devoir écrit.** *Avez-vous déjà organisé une excursion?*
   Racontez-en les circonstances en employant, dans la mesure du
   possible, la matière de ce chapitre.

_____

[2]**à point** à temps

CHAPITRE **5**

Le Futur et le conditionnel

LABORATOIRE

Première partie

AUTOMATISMES

Exercice 1

Mettez les verbes des phrases que vous entendrez au futur. (Pour vous aider, une partie de la phrase est imprimée dans votre cahier.)

    Exemple: Vous entendez: Je bois du lait.
              Vous dites: *Je boirai du lait.*

1. (...en France.)
2. (...mes devoirs.)
3. (...à sa soeur.)
4. (...ce programme.)
5. (...à la Sorbonne.)
6. (...au cinéma.)
7. (...la réponse.)
8. (...gros risque.)
9. (...camping.)
10. (...très vite.)
11. (...à cinq heures.)
12. (...en ville.)
13. (...le bateau.)
14. (...le dîner.)
15. (...sa prononciation.)
16. (...trois mille dollars.)
17. (...une histoire drôle.)
18. (...dans cette ville.)

Exercice 2

Mettez les verbes au conditionnel présent. (Pour vous aider, une partie de la phrase est imprimée dans votre cahier.)

    Exemple: Vous entendez: Ils écouteront un disque.
               Vous dites: *Ils écouteraient un disque.*

1. (...ce programme.)
2. (...une machine spéciale.)
3. (...sans toi.)
4. (...le tour du monde.)
5. (...le semestre prochain?)
6. (...à 8 heures.)
7. (...de leur voyage.)
8. (...de votre pensée.)
9. (...son offre?)
10. (...à la campagne.)

Exercice 3

Mettez les verbes des phrases que vous entendrez à la forme nous *du conditionnel présent. Prononcez bien le* e *des verbes en* -er. *(Pour vous aider, une partie de la phrase est imprimée dans votre cahier.)*

    Exemple: Vous entendez: Je parlerais à Martine
               Vous dites: *Nous parlerions à Martine.*

1. (...un disque.)
2. (...Mme LeBlanc.)
3. (...aux questions.)
4. (...à huit heures.)
5. (...à la maison.)

MISE EN PRATIQUE

Exercice I

Répondez aux questions selon les indications dans votre cahier.
C'est votre ami qui vous parle.

> Exemple: Vous entendez: --Est-ce que tu iras en France l'été
> prochain?
> Votre cahier indique: (Oui,...)
> Vous dites: --*Oui, j'irai en France l'été prochain.*

Situation 1. Imaginez que vous irez à une soirée. Voilà les
questions que votre ami vous pose.

1. (*Précisez le nom de la personne.*)
2. (champagne et punch)
   (gâteaux et fruits)
3. (orchestre)
4. (je / danser / parler à mes amis)
5. (minuit)
6. (Non, ...)
7. (Oui, ... lettre de remerciement / hôtes)

Situation 2. *Maintenant imaginez que vous allez faire un voyage*
au Québec. C'est toujours votre ami qui vous pose les questions.

1. (Oui, ...)   6. (tourtières[1] Oui,...)
2. (Non, ...)   7. (la Baie James[2] Oui,...)
3. (Oui, ...)   8. (Oui, ...)
4. (Oui, ...)   9. (Oui, ...)
5. (Oui, ...)   10. (Oui, ...)

_____

[1]**Tourtières** Tartes à la viande, spécialités du Québec.

[2]**La Baie James** Énorme réalisation industrielle du gouvernement
québécois dans le nord de la province.

Exercice II

Répondez d'abord **non** *aux questions, puis refaites les phrases à la forme affirmative en mettant le verbe au futur. Incorporez dans votre phrase, l'expression de temps donnée.*

> Exemple: Vous entendez: --As-tu joué au tennis ce matin?
> Votre cahier indique: --Non, ...mais je (*verbe au futur*) ...cet après midi.
> Vous dites: --*Non, je n'ai pas joué au tennis ce matin, mais je jouerai au tennis cet après-midi.*

1. Non, je..., mais je (*verbe au futur*) ...ce soir.
2. Non, je...aujourd'hui, mais je (*verbe au futur*) ...demain.
3. Non, je..., mais je (*verbe au futur*) ...après dîner.
4. Non, je..., mais je (*verbe au futur*) ...plus tard.
5. Non, je..., mais je (*verbe au futur*) ...plus tard.
6. Non, je..., mais je (*verbe au futur*) ...tout à l'heure.

Exercice III

Répondez à chacune des hypothèses que vous entendrez en utilisant les éléments donnés.

> Exemple: Vous entendez: --Qu'est-ce que tu ferais s'il neigeait?
> Votre cahier indique: faire du ski
> Vous dites: --*S'il neigeait, je ferais du ski.*

Situation 1. *Qu'est-ce que tu ferais ...?*

1. (boire un verre d'eau)
2. (aller au lit)
3. (faire un voyage en France)
4. (rester à la maison et lire un roman policier)
5. (se promener à la campagne)

Situation 2. *Qu'est-ce que tes parents feraient...?*

1. (se mettre en colère)
2. (demander pourquoi)
3. (faire / une croisière [*cruise*])
4. (s'offrir une nouvelle croisière)
5. (être fous de joie)

Deuxième partie

COMPRÉHENSION

Écoutez d'abord le texte. Puis faites la dictée qui en est tirée. Ensuite répondez aux questions dans votre cahier. Le texte sera relu après la dictée.

Les Poissons (épisode tiré des *Malheurs de Sophie* de la Comtesse de Ségur)[3]

Aujourd'hui, vous entendrez une adaptation d'un conte pour enfant de la comtesse de Ségur. Le personnage principal, Sophie, est une petite fille de quatre ans à qui il arrive beaucoup de mésaventures. Elle est souvent punie par sa mère Madame de Réan.

Vocabulaire: étourdi(e) *scatterbrained, thoughtless, foolish*
cuvette (f) *basin, washbowl*
sable (m) *sand*
bonne (f) *governess; nanny*
huile (f) *oil*
vinaigre (m) *vinegar*
tacher *to spot*
tranche (f) *to become angry*
domestiques (m/f pl) *servants*
se fâcher *to become angry*
se figurer *to imagine, fancy*
se débarrasser de *to get rid of*
renvoyer *to dismiss, fire (an employee)*
avouer *to confess*
bête (f) *creature*

---

[3]Ségur, Sophie Rostopchine, comtesse de (1799-1874). Femme de lettres française, née en Russie. Son recueil de contes pour enfants, *Les Malheurs de Sophie*, a été publié en 1864.

Dictée

Sophie a pris le sel, en a mis sur sa salade; il lui en restait

beaucoup. Elle s'est dit: _____

_____

_____

_____

_____

_____

_____

_____

_____

_____

*Maintenant, écoutez le texte une seconde fois, puis répondez aux
questions dans votre cahier.*

Questions

(Répondez par des phrases complètes.)

1. Que fait Sophie pour cacher son méfait?

   _____

   _____

   _____

   _____

   _____

2. Pourquoi Mme de Réan veut-elle renvoyer le domestique Simon?

   _____

   _____

   _____

3. Pourquoi Sophie finit-elle par tout avouer?

   _____

   _____

   _____

   _____

4. Pourquoi Mme de Réan ne punit-elle pas sa fille?

_____

_____

_____

_____

_____

_____

5. À votre avis, Sophie sera-t-elle plus sage à l'avenir? Quelles nouvelles aventures aura-t-elle? Imaginez et racontez brièvement.

_____

_____

_____

_____

_____

_____

_____

_____

_____

_____

_____

_____

6. Connaissez-vous des enfants comme Sophie? Quelles sortes
   d'aventures ont-ils eues?

   _____

   _____

   _____

   _____

   _____

   _____

   _____

   _____

   _____

   _____

   _____

   _____

TRAVAUX COMPLÉMENTAIRES

VÉRIFICATION

I. *Mettez les verbes entre parenthèses au futur ou au conditionnel présent selon le cas.*

Les hôtels de l'avenir

Dans l'avenir il n'y (avoir) _____ plus d'hôtels

tels que nous les connaissons aujourd'hui. Les grandes chambres

spacieuses avec salle de bains et tout confort seront remplacées

par des chambres-capsules. Ces capsules construites en plastique,

(être) _____ juste assez grandes pour contenir un

matelas pour une personne. Ceci (permettre) _____ de

placer des centaines de capsules à chaque étage. Chaque capsule

(contenir) _____ un poste de radio et de télévision,

un climatiseur et un réveille-matin.

Si vous descendez à cet hôtel, vous (laisser) _____

vos vêtements dans un placard à la réception, et on vous (donner)

_____ en échange une robe de chambre pour la nuit. À

tous les étages, il y (avoir) _____ un salon avec des

fauteuils confortables où les clients de l'hôtel (pouvoir)

_____ lire ou causer. Des machines (dispenser)

_____ des boissons et des sandwichs et même des plats

chauds. Au sous-sol un vaste sauna (être) _____ à la

disposition des clients.

Naturellement, ces hôtels futuristes (coûter) _____

beaucoup moins cher que ceux de notre époque. Les gens qui

(descendre) _____ dans ces établissements (payer)

_____ la moitié du prix d'une chambre normale. Avec

les économies qu'ils (faire) _____ ils (dîner)

_____ dans de bons restaurants ou (aller) _____

au cinéma ou au théâtre. Ce (être) _____ un gros

avantage pour tous ceux qui (voyager) _____ avec un

budget limité.

Et vous, si vous pouviez passer la nuit dans un établissement

pareil, (trouver) _____ -vous la chambre à votre goût

ou trop petite? (Pouvoir) _____-vous dormir dans un

long corridor avec d'autres gens immédiatement à gauche, à droite,

au dessus et au dessous de vous?

Si l'idée de passer une nuit dans une hôtellerie-capsule vous

amuse, vous n'avez pas besoin d'attendre l'avenir. Il vous faut

simplement aller au Japon où ces établissements existent déjà.

(Adapté d'un article du *Wall Street Journal*, 25 février, 1981)

À L'OEUVRE!   88

II. *Mettez les verbes entre parenthèses à la forme correcte du futur, du futur antérieur, du conditionnel présent, du conditionnel passé, ou de l'imparfait.*

1. Si Yves avait soif, il (boire) _____ de la limonade.

2. Si Jérôme (ne pas recevoir) _____ le premier prix, il serait furieux.

3. Quand vous (finir) _____ de lire ce livre, passez-le-moi.

4. Je (préparer) _____ la chambre d'amis si j'avais su que vous veniez.

5. Nous ne serions pas arrivés en retard si nous (partir) _____ plus tôt.

6. Si je (tricher) _____ à l'examen, que penseriez-vous de moi?

7. Si vous mentez, je (ne jamais vous pardonner) _____ _____.

8. S'il (vouloir) _____ se venger, il trouvera bien un moyen.

9. Ils (recevoir) _____ le paquet demain si tu l'envoies avant cinq heures aujourd'hui.

10. Si elles étaient rentrées avant minuit, je les (entendre) _____.

Chapitre 5

11. Je (être) _____ très nerveux si vous ne

m'aviez pas accompagné.

12. Si nous avions un divan chez nous, ça (prendre)

_____ trop de place. Nous préférons nous

asseoir sur des coussins.

13. Si je racontais tout, tu (savoir) _____

combien mon frère a souffert pendant la guerre.

14. Dans quelques années, l'essence (valoir) _____

trois ou quatre dollars le *gallon*.

15. Nos invités apprécient la bonne cuisine. Il

(falloir) _____ leur servir des plats

exquis demain. Quand tu (décider) _____

quoi préparer,dis-le-moi et je (faire) _____

les courses.

III. *Terminez les phrases selon votre imagination.*

1. Si Georges voulait _____

_____.

2. Si vous entendiez de nouveau ce bruit curieux, _____

_____.

3. Nous irons au restaurant quand _____

_____.

4. Ils auraient mieux apprécié _____

si _____.

5. Si elle avait vu _____

_____.

6. Puisque vos amis _____

_____.

IV. *Formez des phrases au futur antérieur avec les éléments donnés.*

1. (Elle) compléter la série / avant la fin du mois

_____

_____

2. (Je) remettre les meubles en place / avant votre retour

_____

_____

3. (Nous) être rentrés à Paris / quand les cours reprendront

_____

_____

4. (Ils) examiner 200 souris / avant de finir leurs recherches

_____

_____

V. *Écrivez quatre phrases de votre invention avec* quand + *futur et quatre phrases avec* quand + *futur antérieur.*

1. _____

_____

2. _____

_____

3. _____

_____

4. _____

_____

5. _____

_____

6. _____

_____

7. _____

_____

8. _____

_____

VI. *Traduisez les phrases suivantes.*

1. If you look out the window, you can see the sailboats
   (**voiliers**, m.) on the horizon.

   _____

   _____

2. When Bill and Julie arrive, we'll prepare some
   sandwiches.

   _____

   _____

3. If it rains tomorrow, I won't go to work.

   _____

   _____

4. I don't know whether Paul McCartney will sing at the concert.

   _____

   _____

5. When Leslie has finished her speech for tomorrow, she will record it (to record = **enregistrer**).

   _____

   _____

6. If you want help, give me a ring.

   _____

   _____

7. When he opens the door and sees all his friends, he will be very surprised.

   _____

   _____

8. When I am sad, I like being alone.

   _____

   _____

9. Thierry studied at the University of Laval for four years.

_____

_____

10. I will receive my degree in civil engineering whereas my brother is specializing in international relations. We both hope to study abroad for a year before looking for work.

_____

_____

_____

_____

11. While you are fixing the engine on this car, I'll repaint the fenders.

_____

_____

12. We are leaving for Vancouver tomorrow.

_____

_____

13. You should have gone to the concert with us. It was fabulous.

_____

_____

14. Myriam shouldn't have left the children home alone. If there had been a fire or a burgulary, they would not have known what to do.

_____

_____

_____

15. If you wanted to impress your friends, what would you do?

_____

_____

VII. **Constructions**. *Faites deux phrases avec* **devoir** *aux temps indiqués à partir de la phrase de base donnée.*

Exemple: -- Brigitte est absente.
(**devoir:** passé composé)
-- *Elle a dû manquer son autobus.*
-- *Elle a dû oublier la réunion.*

1. -- Gérard est arrivé avec deux heures de retard.
(**devoir:** passé composé)

-- _____

-- _____

2. -- Tiens. On frappe à la porte.
(**devoir:** présent)

-- _____

-- _____

3. -- Nous n'avons rien à manger.
   (**devoir**: conditionnel passé)

   -- _____

   -- _____

4. -- Je n'ai pas beaucoup d'amis.
   (**devoir**: conditionnel présent)

   -- _____

   -- _____

5. -- À quelle heure sommes-nous rentrés de la fête?
   (**devoir**: imparfait)

   -- _____

   -- _____

6. -- Je souffre d'insomnie.
   (**devoir**: conditionnel présent)

   -- _____

   -- _____

7. La bonne fée a dit à Cendrillon: «Avant que la
   cloche sonne minuit, tu (**devoir**: futur)

   -- _____ »

   -- _____ »

RÉALISATION

A. **Exposé oral.** _Décrivez un voyage que vous aimeriez faire.
   Essayez de donner envie à vos camarades de faire ce même
   voyage. Vous pourriez montrer des brochures d'endroits
   touristiques, des cartes postales, des affiches, etc._

B. **Devoir écrit.** _Illustrez le proverbe suivant: «Rira bien, qui
   rira le dernier.»_

C. **Devoir écrit.** *Prenez un moment dans votre vie où vous aviez un choix important à faire. Dites comment votre vie aurait été changée si votre décision avait été différente.*

D. **Devoir écrit.** *Prenez un aspect de la technologie moderne (par exemple: la télécommunication, la génétique) et projetez-en le développement dans l'avenir. Comment sera la vie? Serons-nous les maîtres ou les esclaves du progrès technologique scientifique, etc.?*

E. **Présentation à deux.** *Inventez un dilemme réel ou imaginaire que vous raconterez à un ami (une amie) qui vous donnera ensuite des conseils en utilisant le conditionnel de* **devoir**.

F. **Devoir écrit.** *Terminez les phrases suivantes en utilisant plusieurs verbes au conditionnel:*

1. Si Napoléon avait gagné la bataille de Waterloo...

2. Si les Français avaient gagné la bataille des plaines d'Abraham...

3. Si les Russes ou les Américains lançaient une bombe sur...

4. Si la terre se rapprochait ou s'éloignait trop du soleil...

5. Si on pouvait voyager à la vitesse de la lumière, ...

6. Si j'étais naufragé(e) sur une île déserte, ...

7. Si je n'étais pas né(e), ...

8. Si l'homme perdait l'usage de la parole, ...

9. Si la transmission des pensées existait...

10. Si les rats (les oiseaux, les fourmis) par milliards envahissaient votre ville, ...

G. **Discussion de classe.** *Commentez le sens de la citation suivante:*

> «Un organe de plus ou de moins dans notre
> machine nous aurait fait une autre éloquence.
> Enfin toutes les lois établies sur ce que
> notre machine est d'une certaine façon
> seraient différentes si notre machine n'était
> pas de cette façon.»
>
> -Montesquieu, <u>Essai sur le goût</u>, 1793

H. **Jeu des dilemmes.** *Quatre ou cinq étudiants présenteront le récit de quelque dilemme -- un cas de conscience, une décision difficile, une aventure imprévue, un contre-temps, une poursuite en justice, un forfait (réel ou imaginaire), etc. Ces récits seront lus en classe et interrompus avant leur dénouement pour permettre à d'autres étudiants de spéculer: «Si j'étais à votre place, je...»*

I. **Discussion.** *L'an 3 000. Imaginez que vous habitez une planète d'une autre galaxie où l'on discute dans un grand congrès de savants-politiciens, du triste sort de la terre qui est devenue une planète stérile, inhabitable. Dégagez les raisons de la mort de la terre et proposez ce qui aurait pu être fait pour éviter le désastre total. Considérez:*

a. l'écologie
b. la course au pouvoir entre les nations
c. un accident nucléaire ou la guerre nucléaire
d. un accident de la nature (par exemple la peste)
e. une mutation dans la race humaine

CHAPITRE **6**

Les Pronoms

LABORATOIRE

Première partie

AUTOMATISMES

Exercice 1

Répondez **oui** *ou* **non** *selon les indications données. Utilisez les pronoms* **en** *ou* **le/la/les**.

> Exemple: -- Georges a-t-il pris du café?
> -- *Oui, il en a pris.*

1. (...ce fromage? Oui, ...)
2. (...beaucoup de temps libre? Non, ...)
3. (...les films français? Oui, ...)
4. (...de la crème ... Oui, ...)
5. (...la biologie? Oui, ...)
6. (...des raisins? Oui, ...)
7. (...mes nouveaux poèmes? Non, ...)

Exercice 2

Répondez affirmativement aux questions avec y *ou* lui / leur *ou* le *pronom disjoint:* moi / toi / lui / elle / nous / vous / eux / elles.

Exemple: -- Téléphonez-vous à vos amis tous les jours?
-- *Oui, je leur téléphone tous les jours.*

1. a. . . . . .   2. a. . . . . .   3. a. . . . . .
   b. . . . . .   b. . . . . .   b. . . . . .
   c. . . . . .   c. . . . . .   c. . . . . .

Exercice 3

Répondez oui *ou* non *selon les indications données. Utilisez les pronoms* me / vous. *Notez que dans cet exercice, c'est la machine qui vous parle.*

Exemple: -- Est-ce que vous m'entendez? (Oui)
-- *Oui, je vous entends.*

1. . . . . .   4. . . . . .
2. . . . . .   5. . . . . .
3. . . . . .

Exercice 4

Refaites la phrase à la forme négative. Utilisez le pronom objet correct. Dans la série suivante tout ce que Jacques fait Julie ne le fait pas.

Exemple: Jacques va au match de tennis.
Julie n'y va pas.

1. . . . . .   4. . . . . .   7. . . . . .
2. . . . . .   5. . . . . .   8. . . . . .
3. . . . . .   6. . . . . .   9. . . . . .

Exercice 5

Employez deux pronoms dans l'exercice suivant. Répondez oui *ou* non *selon les indications données.*

     Exemple: -- Est-ce que je vous ai donné mon livre? (Oui)
               --*Oui, vous me l'avez donné.*

1. . . . . .   2. . . . . .
     . . . .
     . . . .

Exercice 6

Faites suivre la phrase imprimée dans votre cahier par la phrase que vous entendrez, mais en utilisant un pronom possessif dans celle-ci pour éviter la répétition de l'adjectif possessif. Notez que dans certaines phrases on emploie également un pronom objet.

     Exemple: Votre cahier indique: J'ai perdu mon livre.
              Vous entendez: Jacques a perdu son livre.
                Vous dites: *J'ai perdu mon livre et
                          Jacques a perdu le sien
                          aussi.*

1. Moi, j'écoute ma stéréo chaque soir.
2. Léon ne peut pas me prêter sa machine à écrire.
3. J'ai laissé mes cahiers dehors.
4. Mes devoirs sont terminés.
5. J'ai écrit à mes parents hier soir.
6. Brigitte a parlé de son auteur préféré.
7. Votre taxi n'est pas encore arrivé.
8. L'officier a posé des questions à ton père.
9. Notre réputation souffrira.
10. J'ai envoyé une carte d'anniversaire à ma mère.

MISE EN PRATIQUE

Exercice I

Répondez affirmativement aux questions. Utilisez un pronom.

> Exemple: --Est-ce que tu aimes les chats?
> --*Oui, je les aime.*

1. (...une bicyclette?)
2. (...au cinéma...)
3. (...des notes...)
4. (...me...)
5. (...m'...)
6. (...la radio...)

7. (...de tes voisins...)
Réponse d'un jeune homme:...
Réponse d'une jeune fille:...
8. (...ton petit(e) ami(e)...)
9. (...à tes amis de lycée?)
10. (...à la lettre...)

Exercice II

Imaginez que vous êtes à la plage. Répondez négativement aux questions en utilisant un pronom. (Pour vous aider, une partie de la question est imprimée dans votre cahier.)

> Exemple: -- Est-ce que tu as pris mon appareil photo?
> -- *Non, je ne l'ai pas pris.*

1. (...de la bière?)
2. (...ta serviette?)
3. (...nuages noirs?)
4. (...te baigner...)
5. *Répondez avec* **les:**   (...les revues / sac)
   Répondez avec **y:**   (...les revues / sac)
   Répondez avec **les / y:** (...les revues / sac)
6. (...dessert?)
7. (...au chien...)
8. (...à la plage?)

Exercice III

Imaginez que vous êtes dans la salle de gymnastique. Répondez oui *ou* non *aux questions selon les indications dans votre cahier. Utilisez un pronom dans votre réponse.*

Exemple: Vous entendez: -- Est-ce que tu as pris ma
serviette?
Votre cahier indique: Non, (...serviette?)
Vous dites: -- *Non, je ne l'ai pas prise.*

1. Oui, [...de la musculation? (*bodybuilding*)]
2. Non, [cette machine?]
3. Oui, [les barres parallèles?]
4. Non, [au sauna?]
5. Oui, [...mouvements d'échauffement? (*warm-up exercises*)]

6. Non, [...ces haltères? (*weights*)]
7. Non, [moniteur...]
8. Oui, [...du poids?]

Exercice IV

Répondez affirmativement aux questions. Utilisez deux pronoms. (Pour vous aider, une partie de la question est imprimée dans votre cahier.)

Exemple: -- Est-ce que je t'ai montré mes photos?
-- *Oui, tu me les as montrées.*

1. (...sac de couchage?)
2. (...sac de couchage?)
3. (...tes cassettes / à tes amis)
4. (...tes cassettes?)
5. (...pot de confitures?)
6. (...photos?)
7. (...de leurs difficultés?)

8. (...de l'argent?)
9. (...des lettres...)
10. (...ton ami / des lettres) (...ton amie / des lettres)
11. (...nos devoirs / au professeur)
12. (...nos devoirs demain)

Exercice V

Cet exercice de <u>*La Grammaire à l'oeuvre*</u> *est omis du programme de laboratoire.*

Exercice VI

Cet exercice de <u>*La Grammaire à l'oeuvre*</u> *est omis du programme de laboratoire.*

Deuxième partie

COMPRÉHENSION

Écoutez d'abord le texte. Puis faites la dictée qui en est tirée. Ensuite répondez aux questions dans votre cahier. Le texte sera relu après la dictée.

La Couverture

Vous écouterez aujourd'hui une adaptation d'un fabliau du Moyen Age, *La housse partie (La couverture partagée)* de Bernier.[1]

Dictée

_____

_____

_____

_____

_____

_____

_____

_____

_____

_____

_____

---

[1]**Bernier** Auteur du treizième siècle.

Maintenant, écoutez le texte une seconde fois.

Questions

(Répondez par des phrases complètes.)

1. Pourquoi l'homme voulait-il chasser son vieux père de la maison?

    _____

    _____

    _____

    _____

    _____

2. Pourquoi l'enfant coupe-t-il la couverture en deux? Que va-t-il faire avec la deuxième moitié de la couverture?

    _____

    _____

    _____

    _____

    _____

    _____

3. Connaissez-vous d'autres contes moraux? Racontez brièvement.

    _____

    _____

    _____

    _____

À L'OEUVRE!   106

_____

_____

_____

_____

_____

_____

_____

_____

_____

_____

TRAVAUX COMPLÉMENTAIRES

VÉRIFICATION

I. *Répondez aux questions. Employez des pronoms.*

   1. Mettez-vous de la moutarde sur votre bifteck?

   _____

   2. Déjeuneront-ils au café?

   _____

   3. Voient-elles leurs amis le dimanche?

   _____

   4. Me promettez-vous d'aller à la conférence?

   _____

   5. Éric a-t-il peur des chiens?

   _____

   6. Pensez-vous souvent à votre enfance?

   _____

   7. Est-ce que je dois remplir ce formulaire?

   _____

   8. Est-ce que je peux vous rendre le livre demain?

   _____

9. Jean-Luc a-t-il partagé la tarte aux fraises (*strawberry tart*) avec ses amis?

_____

10. Est-ce que je vous ai parlé du surréalisme?

_____

11. Avez-vous envie d'aller au cinéma?

_____

12. Voudriez-vous faire du ski?

_____

13. Pourriez-vous me faire visiter le campus?

_____

14. Est-ce que je t'ai raconté cette histoire?

_____

15. Pensent-elles aller à la piscine plus tard?

_____

II. *Remplacez les mots en italique par des pronoms.*

1. Olivier a acheté une *Jaguar.*

_____

2. Je me suis promené avec *mes amis.*

_____

3. Philippe a-t-il écrit *à sa soeur?*

_____

4. *Ce jeune homme* sait réparer *les montres*.

_____

5. J'ai ouvert *les fenêtres*.

_____

6. *Barbara* a prêté *son collier à Hélène*.

_____

7. Montrez votre *bicyclette à Francine*.

_____

8. Donnez-moi *votre numéro de téléphone*.

_____

9. Il nous a parlé *de son voyage au Québec*.

_____

10. Ils ont beaucoup *d'énergie*.

_____

III. *Refaites les questions avec inversion.*

1. Est-ce qu'il vous l'a donné?

_____

2. Est-ce que vous lui en avez parlé?

_____

3. Est-ce que Pauline vous l'a montré?

_____

4.   Pourquoi est-ce que Marie-Anne n'y est pas allée?

    _____

5.   Pourquoi est-ce que votre mère vous parle si sévèrement?

    _____

    _____

6.   Comment est-ce que vos amis vont s'habiller pour la
      première?

    _____

    _____

IV.   *Remplacez les tirets par* **à** *ou* **de** *là où c'est nécessaire.
       Ajoutez l'article quand il le faut. (Voir* Étude de verbes
       page 110 *de* La Grammaire à l'oeuvre.)*

    1. Il y a des musiciens et des musiciennes très doués qui

        jouent _____ plusieurs instruments. Marthe, par exemple,

        joue _____ harpe, _____ violoncelle, et _____ clavecin

        (*harpsichord*). Son ami Léonard joue _____ flûte, et

        _____ piano. Mon frère, qui est amateur de rock, joue

        _____ guitare électrique.

    2. Ma soeur adore jouer _____ cartes: _____ poker, _____

        rami polonais, et elle gagne toujours.

    3. Les enfants jouent _____ balle dans la cour.

V. *Faites des phrases (15 mots minimum) avec les expressions données. (Voir* Constructions, *pages 107-108 de* La Grammaire à l'oeuvre*.)*

1. s'en aller

   _____

   _____

2. en être

   _____

   _____

3. s'y connaître

   _____

   _____

4. manquer

   _____

   _____

5. manquer de / manquer à

   _____

   _____

6. jouer à / jouer de

   _____

   _____

VI. *Traduisez: (Voir Étude de verbes, pages 109-110 de La Grammaire à l'oeuvre.)*

1. I missed the plane.

   _____

   _____

2. Will you miss your brother?

   _____

   _____

3. His remarks are never lacking in subtlety.

   _____

   _____

4. I'm short on cash; could you lend me $20?

   _____

   _____

5. I miss you very much.

   _____

   _____

6. He missed the sound of her voice.

   _____

   _____

RÉALISATION

A. **Devoir écrit.** *Imaginez que vous êtes un (une) téléphoniste indiscret (indiscrète). Vous écoutez la conversation des abonnées (telephone subscribers). Racontez une des conversations que vous avez entendues. Peut-être y avez-vous participé. Utilisez beaucoup de pronoms.*

B. **Sketch.** *Présentez une conversation téléphonique en classe.*

    Vocabulaire: appareil de téléphone *telephone*
                    accrocher *to hang up*
                    décrocher *to answer (to lift the receiver)*
                    le récepteur *the receiver*
                    la tonalité *dial tone*
                    composer un numéro *to dial a number*
                    Allô *Hello (telephone only)*
                    Qui est à l'appareil? *To whom am I speaking? Who is this?*
                    Ne quittez pas *Please hold on; Hold please.*
                    téléphoner en p.c.v. *to make a collect call*
                    téléphoner avec préavis *to make a person to person call.*
                    Ça sonne occupé. *The line is busy.*

C. **Discussion de classe.** *Les rôles de la femme et de l'homme dans la société moderne sont-ils interchangeables?*

D. **Exposé oral.** *Racontez vos aventures dans les grands magasins pendant la saison de Noël.*

E. **Devoir écrit.** *En vous inspirant d'Ésope ou de La Fontaine, ou d'une histoire pour enfants, racontez une anecdote qui contient une moralité. (Voir aussi* La Couverture*, le texte de compréhension de cette leçon.)*

CHAPITRE 7

Les Verbes pronominaux

LABORATOIRE

Première partie

AUTOMATISMES

Exercice 1

Reprenez chaque phrase que vous entendrez par Moi aussi . . . *si la phrase est affirmative, ou par* Moi non plus . . . *si la phrase est négative. Faites les changements nécessaires dans les verbes.*

    Exemple: -- Jacques s'est levé à 6 heures du matin.
               -- *Moi aussi je me suis levé(e) à 6 heures du matin.*

1. a. (...chaque matin.)
   b. (...manger.)
   c. (...amis.)
2. a. (...à 8 heures.)
   b. (...devoirs.)
   c. (...le week-end.)
3. a. (...ennuyeux.)
   b. (...aux cartes.)
   c. (...match de tennis.)

Exercice 2

Refaites les phrases à la forme nous. *Faites attention aux temps des verbes.*

    Exemple: Guy s'est aperçu de la difficulté. (Guy et moi nous)
           Guy et moi nous nous sommes aperçus de la difficulté.

1. (Christophe et moi nous...)   4. (Francine et moi nous...)
2. (Géraldine et moi nous...)   5. (Régine et moi nous...)
3. (Yves et moi nous...)

Exercice 3

Mettez au passé les phrases que vous entendrez. Faites attention à l'auxiliaire.

    Exemple: Je me lève à 9 heures.
             Je me suis levé à 9 heures.

1. a. . . . . .   d. . . . . .   2. a. . . . . .   d. . . . . .
   b. . . . . .   e. . . . . .   b. . . . . .   e. . . . . .
   c. . . . . .   f. . . . . -   c. . . . .

Exercice 4

Mettez les phrases à la forme tu.

    Exemple: Vous couchez-vous très tard?
             Te couches-tu très tard?

1. . . . . .   4. . . . . .
2. . . . . .   5. . . . . .
3. . . . . .

Exercice 5

Verbes pronominaux à l'infinitif. *Refaites les phrases que vous entendrez en commençant par l'élément donné dans votre cahier. Faites attention au pronom réfléchi devant l'infinitif.*

Exemple: Charles aimait se promener en bateau. (Moi aussi)
Moi aussi, j'aimais me promener en bateau.

1. (Mais moi, je ne voulais pas....)
2. (Nous aussi,....)
3. (Et toi, est-ce que tu....?)
4. (Et vous, est-ce que vous....?)
5. (Et toi, est-ce que tu....?)
6. (Mais nous, nous n'aimons pas....)

Exercice 6

Refaites les phrases avec **se rappeler**.

Exemple: Je me souviens de mon oncle.
Je me rappelle mon oncle.

1. (...amis d'enfance.)
2. (...ce parfum.)
3. (...ce restaurant.)
4. (...leur promesse.)

MISE EN PRATIQUE

Exercice I

Répondez **oui** *ou* **non** *selon les indications.* *C'est votre camarade qui vous parle.*

    Exemple: -- Est-ce que tu te couches tard? (Oui)
                -- *Oui, je me couche tard.*

Situation 1 - Les activités quotidiennes.

1. (Oui, ...)
2. (Oui, ...)
3. (Oui, ...)
4. (*Pour une jeune fille:*)
   (Oui, ...)
   (Non, ...)
   (*Pour un jeune homme:*)
   (Oui, ...)
   (Non, ...)
5. (Oui, ...)
6. (Non, ...)
7. (Non, ...)
8. (Oui, ...)[1]

Situation 2 - Souvenirs d'enfance.

1. (Oui, ...)
2. (Non, ...)
3. (Oui, ...)
4. (Oui, ...)

Situation 3. *Toi et tes amis vous arrivez avec deux heures de retard pour le dîner. On vous pose quelques questions.*

1. (Oui, ...)
2. (Non, ...)
3. (Oui, ...)
4. (Non, ...)

---

[1]se détendre to relax

À L'OEUVRE!   120

Exercice II

Mettez le verbe pronominal des phrases que vous entendrez à la forme négative.

Exemple: Ils s'écrivent souvent.
Ils ne s'écrivent pas souvent.

1. . . . . .   4. . . . . .
2. . . . . .   5. . . . . .
3. . . . . .   6. . . . . .

Exercice III

Mettez les phrases suivantes à la forme interrogative. N'employez pas **est-ce que**.

Exemple: Nous nous verrons plus tard.
Nous verrons-nous plus tard?

1. . . . . .   4. . . . . .
2. . . . . .   5. . . . . .
3. . . . . .   6. . . . . .

Deuxième partie

COMPRÉHENSION

Écoutez d'abord le texte. Puis faites la dictée qui en est tirée.
Ensuite, répondez aux questions. Le texte sera relu après la
dictée.

Le Rendez-vous manqué

<u>Dictée</u>

_____

_____

_____

_____

_____

_____

_____

_____

_____

_____

_____

_____

_____

Maintenant, écoutez le texte une seconde fois, puis répondez aux questions dans votre cahier.

Questions

(Répondez par des phrases complètes.)

1. Que faisait Nicole dans le parc du Luxembourg?

   _____

   _____

   _____

2. De quoi n'arrivait-elle pas à se souvenir?

   _____

   _____

   _____

3. Comme son mari n'arrivait pas, de quoi Nicole s'est-elle rendu compte?

   _____

   _____

   _____

4. Pourquoi ne prend-elle pas un taxi pour aller au Louvre?

   _____

   _____

   _____

5. Quelle sera la réaction de Marcel quand lui et Nicole se
   retrouveront le soir?

   _____

   _____

   _____

   _____

TRAVAUX COMPLÉMENTAIRES

VÉRIFICATION

I. *Mettez les verbes entre parenthèses au temps suggéré par le contexte.*

1. Quand j'arrive à mon cours d'économie, je (s'installer)

   _____ au fond de la classe et je

   lis mon courrier.

2. À votre place, je réfléchirai avant d'entreprendre ces

   recherches sociologiques. Vous (ne pas se rendre

   compte) _____ des difficultés que

   vous risquez de rencontrer.

3. Quand le rédacteur-en-chef du journal a critiqué

   l'article du nouveau reporter, celui-ci (se mettre)

   _____ en colère. Je crois même que

   les deux hommes (se battre) _____,

   car le lendemain de l'incident, le journaliste (ne pas

   se présenter) _____ à l'heure

   habituelle et le rédacteur-en-chef avait un oeil au

   beurre noir (*black eye*).

4. Christine et Geoffroi (se revoir) _____
    dans un mois et décideront s'ils veulent se marier
    avant de finir leurs études.

5. Si vous (se sentir) _____ malade,
    que feriez-vous? (Se coucher)
    _____-vous ou iriez-vous chez le
    médecin?

6. Chaque fois qu'on l'invitait à dîner, il (se plaindre)
    _____ de tout ce que l'on servait,
    buvait trop et (se mettre) _____ à
    raconter des histoires grivoises (*licentious stories*).

7. Nicole et moi nous (ne plus se voir) _____
    depuis qu'elle est partie pour l'île Maurice, mais
    nous (s'envoyer) _____ des cartes
    de Nouvel An.

8. Si tu étais venu à la discothèque, tu (s'amuser)
    _____. Il y a eu un concours pour
    les meilleurs danseurs. Si nous (se présenter)
    _____, nous aurions peut-être gagné
    un prix.

9. Ils (se réjouir) _____ à l'idée
    d'être en vacances. Ils ne parlent que de cela du
    matin jusqu'au soir.

10. Un jour, Philippe a laissé la porte de la cage à oiseau ouverte et ses deux perruches (*parakeets*) (s'envoler) _____, mais elles sont revenues d'elles-mêmes au bout d'une demi-heure.

11. S'il n'y a plus de place dans la salle, les spectateurs (s'asseoir) _____ par terre.

12. Si nous allions dans l'Alaska, nous (s'habituer) _____ difficilement au climat.

13. Si mon patron y consent, je (s'absenter) _____ deux ou trois jours pour assister à cette convention de parapsychologues.

14. Karen (se marier) _____ très jeune avec un docteur ambitieux qui rêvait d'être chef de clinique et (s'occuper) _____ plus de sa carrière que de sa famille. Au bout de deux ans, ils ont divorcé.

II. *Mettez les phrases suivantes à la forme interrogative a) avec l'inversion, b) avec* **est-ce que**.

1. Tu te réveilles à trois heures du matin.

    a. _____

    b. _____

2. Éric s'est disputé avec Catherine.

   a. _____

   b. _____

3. Vous vous voyiez souvent l'année dernière.

   a. _____

   b. _____

4. Ils se réuniront dans la caféteria.

   a. _____

   b. _____

5. Votre frère s'intéresse à la politique.

   a. _____

   b. _____

III. *Accordez les participes passés quand il le faut.*

   1. Hélène a dit: «Je me suis brûlé _____ ce matin.»

   2. Si on avait retrouvé _____ les lettres que les deux
      espions s'étaient écrit _____, on y aurait trouvé de
      quoi les condamner à vingt ans de prison.

   3. Nous ne nous sommes pas vu _____ depuis deux ans.

   4. En rentrant, Eliane s'est fait _____ une tasse de
      thé, puis elle s'est assis _____ à son bureau et a
      écrit _____ des lettres.

   5. Se sont-ils aperçu _____ que leurs remarques
      caustiques embarrassaient tout le monde?

   6. Ils se sont regardé _____ longtemps sans parler, puis

ils se sont souri _____, mais ils ne se sont pas

parlé _____.

7. Nathalie s'est promis _____ de moins manger.

8. Justine est tombé _____ et s'est cassé _____ la

jambe.

9. Philippe s'est déguisé _____ en clown. Carla s'est

déguisé _____ en Amazone.

10. Nous ne nous sommes jamais écrit _____.

11. Les étudiants américains se sont vite habitué _____

au régime de ce pays.

IV. *Dans le passage suivant, mettez les verbes entre parenthèses au temps correct du passé. L'histoire est librement adaptée d'un conte de Michel Corday intitulé La force de l'amour.*

Paule et Maurice qui étaient mariés depuis seulement

trois semaines (se connaître) _____

depuis leur adolescence. Elle avait vingt ans, lui vingt-

cinq et ils (s'adorer) _____. Le jeune

couple faisait un petit voyage et (se diriger) _____

en voiture vers le midi de la France. Les jeunes gens

(s'arrêter) _____ quand un beau site les

attirait.

Un soir, après avoir dîné dans une auberge au bord d'une

belle forêt, Paule (se sentir) _____ mal.

Maurice, plein de sollicitude, aidait sa femme à regagner leur chambre quand lui aussi a été pris d'un malaise soudain. Tout à coup, ils (se souvenir)

_____ que le patron de l'auberge leur avait servi des champignons cueillis dans la forêt. Il n'y avait pas de doute. Les jeunes gens étaient tous les deux empoisonnés. L'aubergiste, affolé (se frapper)

_____ la tête et (se demander)

_____ comment il pouvait aider Maurice et Paule. Que faire? Que leur donner en attendant l'arrivée du médecin qui seul avait les médicaments nécessaires pour sauver les deux malades?

   L'aubergiste (se souvenir enfin) _____ que le lait était recommandé dans de tels cas et il (se dépêcher) _____ d'aller en procurer. Mais, dans une campagne déserte tard le soir, le lait (se trouver) _____ difficilement. Enfin, on a réussi à en trouver deux litres, juste assez pour sauver une personne d'une mort certaine. Maurice a saisi le lait et (s'approcher) _____ de sa femme pour la supplier (*beg*) de boire. Paule a refusé en disant qu'elle pouvait attendre aussi bien que lui. Maurice (se mettre) _____ à genoux:

--Paulette, ma Paulette...tu sais bien que je ne peux pas accepter un tel sacrifice...

--Tu me demandes bien d'accepter le tien!

--Oui, tu as raison,...je n'y songeais pas. Je ne pensais pas à l'existence qui attend le survivant. C'est impossible pour l'un comme pour l'autre.

--Oui, mieux vaut partir ensemble. Viens près de moi... Ne me quitte pas. Donne-moi la main. Qu'est-ce que ça nous fait de mourir, puisque nous mourrons ensemble... (Et tous les deux ils (s'allonger) _____ sur le lit, laissant la bouteille de lait intacte sur la table.)

Quand le médecin est arrivé quelques heures plus tard, il (se précipiter) _____ dans la chambre. Après (se pencher) _____ sur les jeunes gens, il a crié: «Il est encore temps. Je les sauverai tous les deux.»

Quand le médecin a vu le lait sur la table, il a été profondément touché par cette preuve si visible de la grandeur et de la beauté de l'amour.

V. *Remplacez les tirets par la préposition qui convient.*
(Voir Étude de verbes, *pages 130-131 de* La Grammaire à l'oeuvre.*)*

1. Christophe s'attend _____ être élu président de son parti.

2. Si vous vous décidez _____ changer d'appartement, faites-le-moi savoir.

3. Je lui en veux _____ ne pas s'être excusé de son retard.

4. «C'est facile de s'arrêter _____ fumer» a dit Mark Twain, «La preuve c'est que je l'ai fait des milliers de fois.»

5. Édouard s'amusait _____ jeter des pierres dans le lac.

6. Cendrillon s'efforçait en vain _____ plaire à sa vilaine marâtre (*wicked stepmother*).

7. Ils ne se sont jamais habitués _____ vivre loin de la capitale.

8. Dépêchons-nous _____ finir cet exercice. La cloche va sonner.

RÉALISATION

A. **Devoir écrit.** *Connaissez-vous des histoires où les gens se sont sacrifiés soit par amour, soit par patriotisme, soit par ferveur religieuse? (Utilisez les verbes pronominaux à la <u>page 123</u> et dans les <u>Tableaux</u> <u>pages 124 et 126</u> de <u>La Grammaire à l'oeuvre</u>.)*

B. **Discussion de classe.** *Le divorce est-il un drame?*

C. **Sketch.** *Une rencontre imprévue.*

D. **Dialogue.** *Imaginez et présentez la conversation entre deux personnes qui se rencontrent par hasard (dans un avion, dans un café, sur une plage, etc.) et qui croient, sans en être trop sûrs, s'être déjà rencontrés quelque part. Utilisez des verbes pronominaux:*

se rencontrer	s'amuser
se voir	s'entendre
se parler	se plaire
se reconnaître	se souvenir
se ressembler	se rendre compte

CHAPITRE 8

La Négation

LABORATOIRE

Première partie

AUTOMATISMES

Exercice 1

Ne...plus *(la négation de* encore*) et* ne...pas encore *(la négation
de* déjà*). Mettez les phrases à la forme négative correcte en
utilisant les sujets donnés.*

    Exemple: David a déjà lu ce roman. (Richard)
              Richard n'a pas encore lu ce roman.

1. (Son frère)   4. (Ses parents)
2. (Sa cousine)   5. (Nos invités)
3. (Barbara, sa petite soeur)   6. (Il)

Exercice 2

Ajoutez l'adjectif donné, à la négation dans la phrase.

Exemple: Je n'ai rien vu dans le magasin. (intéressant)
Je n'ai rien vu d'intéressant dans le magasin.

1. (compétent)
2. (spécial)
3. (extraordinaire)
4. (suspect)
5. (autre)
6. (beau)

Exercice 3

Répondez avec la forme elliptique de la négation.

Exemple: -- Nagez-vous quelquefois en hiver?
-- *Non, jamais.*

1. . . . . . .
2. . . . . . .
3. . . . . . .
4. . . . . . .
5. . . . . . .
6. . . . . . .

Exercice 4

Réagissez avec **oui** *ou* **si** *selon les circonstances. (N'oubliez pas que* **si** *est utilisé pour répondre affirmativement à une question négative ou une phrase négative.)*

Exemple: -- Vous n'êtes pas fatigué(e)?
-- *Si, je suis fatigué(e).*

1. . . . . . .
2. . . . . . .
3. . . . . . .
4. . . . . . .
5. . . . . . .
6. . . . . . .

Exercice 5

Répétez les phrases que vous entendrez en y ajoutant **non plus**.

Exemple: -- Je n'aime pas les oranges.
-- *Moi, je n'aime pas les oranges non plus.*

1. . . . . . .
2. . . . . . .
3. . . . . . .
4. . . . . . .

MISE EN PRATIQUE

Exercice I

Répondez négativement aux questions que vous entendrez. C'est votre camarade qui parle.

    Exemple: -- Est-ce que tu insultes quelquefois tes amis?
                 -- Non, je n'insulte jamais mes amis.

1. (Non, ...)	7. (Non, ...)[1]
2. (Non, ...)	8. (Non, ...)
3. (Non, ...)	9. (Non, ...)
4. (Non, ...)	10. (Non, ...)
5. (Non, ...)	11. (Non, ...)
6. (Non, ...)	12. (Non, ...)

Exercice II

Mettez les phrases que vous entendrez au passé composé. Remarquez bien la place de la négation.

    Exemple: Il ne rencontre personne.
                Il n'a rencontré personne.

1.	6. . . . . .
2.	7. . . . . .
3.	8. . . . . .
4.	9. . . . . .
5.	10. . . . . .

---

[1]*Le Monde* journal français

Exercice III

Répondez aux questions avec la négation qui convient. Donnez aussi la réponse négative avec des pronoms objets.

Exemple: Vous entendez: -- As-tu parlé à quelqu'un de cette affaire?

Votre cahier indique: *Réponse complète: -- Non, ...*
Réponse avec des pronoms objets:
-- Non, ...

Vous dites: -- *Non, je n'ai parlé à personne de cette affaire.*
-- *Non, je n'en ai parlé à personne.*

1. *Réponse complète:* --Non,...
   Réponse avec des pronoms objets: --Non,...
2. *Réponse complète:* --Non,...
   Réponse avec des pronoms objets: --Non,...
3. *Réponse complète:* --Non,...
   Réponse avec des pronoms objets: --Non,...
4. *Réponse complète:* --Non,...
   Réponse avec des pronoms objets: --Non,...
5. *Réponse complète:* --Non,...
   Réponse avec des pronoms objets: --Non,...
6. *Réponse complète:* --Non,...
   Réponse avec des pronoms objets: --Non,...
7. *Réponse complète:* --Non,...
   Réponse avec des pronoms objets: --Non,...
8. *Réponse complète:* --Non,...
   Réponse avec des pronoms objets: --Non,...

Exercice IV

Cet exercice de La Grammaire à l'oeuvre *est omis du programme de laboratoire.*

Deuxième partie

COMPRÉHENSION

Écoutez d'abord le texte. Puis faites la dictée. Ensuite, répondez aux questions. Le texte sera relu après la dictée.

Vocabulaire: boulier (m) *abacus*

Dictée

_____

_____

_____

_____

_____

_____

_____

_____

_____

_____

_____

_____

_____

Maintenant, écoutez le texte une seconde fois, puis répondez aux questions dans votre cahier.

Questions

(Répondez par des phrases complètes.)

1. Qu'est-ce que Nicolas a fait avec le boulier qu'il a sorti de sa serviette?

   _____

   _____

   _____

   _____

2. Pourquoi Nicolas n'employait-il ni crayon ni papier comme ses camarades?

   _____

   _____

   _____

   _____

3. Est-ce que quelqu'un a remarqué le magnétophone que Nicolas avait sur les genoux?

   _____

   _____

   _____

4. À votre avis, pourquoi Nicolas n'est-il pas sorti à la récréation?

_____

_____

_____

_____

5. Vous êtes-vous déjà occupé(e) de personnes handicapées ou blessées? Racontez brièvement.

_____

_____

_____

_____

TRAVAUX COMPLÉMENTAIRES

VÉRIFICATION

I. *Ajoutez la négation entre parenthèses à la phrase donnée.*

1. Elles étudient l'algèbre. (ne plus)

   _____

2. Agnès a visité les Catacombes de Rome. (ne...pas encore)

   _____

   _____

3. Je prévois des difficultés. (ne...aucune)

   _____

4. Nous avons revu le voyageur au chapeau vert. (ne...jamais)

   _____

   _____

5. Vous avez compris la plaisanterie. (ne...pas du tout)

   _____

   _____

6. Voulait-il devenir pilote? (ne...pas)

   _____

7. Elle a vu le Mont Blanc. (ne...jamais)

   _____

8. Nous sommes de bonne humeur. (ne...pas toujours)

   _____

II. *Mettez les phrases à la forme négative qui correspond au mot en italique.*

   1. Nous avons emmené *quelqu'un* au cirque.

      _____

   2. Vous trouverez *quelqu'un* à la maison.

      _____

   3. Il en a trouvé *quelques-uns* dans la boîte.

      _____

   4. *Quelqu'un* m'a prévenu de son mauvais caractère.

      _____

   5. *Quelqu'un* de consciencieux aurait fait cela.

      _____

   6. *Quelques-uns* des chevaux ont pris peur.

      _____

   7. *Quelques* invités ont trop bu.

      _____

   8. Valéry a parlé à *quelqu'un* de l'accident.

      _____

III. *Répondez aux questions avec* ne...ni...ni.

   1. As-tu prévenu Dominique et Élizabeth?

      _____

2. Ont-ils préparé de la soupe et de la salade?

   _____

   _____

3. Aimez-vous les films français et les films italiens?

   _____

   _____

4. Ont-ils apporté des crayons et du papier?

   _____

5. Avez-vous acheté la chemise et la cravate que le vendeur
   vous a montrées?

   _____

   _____

6. Le petit Pierre avait-il peur des tigres et des lions?

   _____

   _____

7. Vos amis boivent-ils et fument-ils?

   _____

8. Voulez-vous aller en Chine et au Japon?

   _____

   _____

IV. *Refaites les phrases suivantes avec* ne...que.

   1. Ils achètent seulement du vin bon marché.

   _____

2. Elle a compris la première partie seulement.

   _____

3. M. Dutour sortait seulement le dimanche.

   _____

4. Nous avons vu seulement trois vaches.

   _____

5. Vous recevrez votre passeport seulement dans trois
   semaines.

   _____

   _____

V. *Refaites les phrases suivantes avec* ne...guère.

1. Elle n'a presque pas mangé.

   _____

2. Votre projet est à peine réalisable.

   _____

3. Nous n'avions pas très envie de dîner si tôt.

   _____

   _____

4. La musique est si faible que je l'entends à peine.

   _____

   _____

VI. **La négation multiple.** (*Voir* Constructions *pages 147-149 de* La Grammaire à l'oeuvre.) *Ajoutez à la phrase, la négation entre parenthèses.*

1. Personne n'a compris le sens de ce message.

   (ne...encore)

   _____

   _____

2. Je n'ai prévenu personne de mon absence. (ne...encore)

   _____

   _____

3. Nous n'irons ni en Irlande ni au Danemark.

   (ne...jamais)

   _____

   _____

4. Ni Elsa ni Pierre n'ont vu un opéra. (ne...jamais)

   _____

   _____

5. Nous ne faisons rien le dimanche. (ne...jamais)

   _____

6. Ils n'ont encore commandé de plat à la carte.

   (ne...aucun)

   _____

   _____

7. On n'a vu cet insecte nulle part en Amérique. (ne...encore)

_____

_____

8. Si on continue à chasser certains animaux, il n'y en aura plus dans le monde entier. (ne...aucun)

_____

_____

VII. Travail avancé. *(Voir* Constructions *pages 147-149 de* La Grammaire à l'oeuvre.*)* Faites des phrases (10 mots minimum) avec:

1. personne...ne...plus jamais

_____

_____

2. aucun...ne...encore rien...

_____

_____

3. personne...ne...ni...ni...

_____

_____

4. jamais personne...ne...

_____

_____

5. rien...ne...encore...

_____

_____

RÉALISATION

A. **Devoir écrit.** *Choisissez un des sujets suivants et employez une grande variété de phrases négatives.*

    1. Une soirée malheureusement inoubliable que vous avez passée avec quelqu'un que vous voudriez oublier.

    2. Un faux-pas que vous avez commis.

B. **Exposé oral.** *Préparez une émission radiophonique où vous annoncez que la fin du monde est imminente.*

CHAPITRE **9**

Le Genre et le nombre

LABORATOIRE

Première partie

AUTOMATISMES

Exercice 1

Faites les substitutions demandées.

    Exemple: Vous entendez: Substituez **maison** pour **appartement**
                                et faites les changements nécessaires.
                                J'ai un grand appartement.
          Vous dites: *J'ai une grande maison.*

1. *Substituez* **maison** *pour* **appartement** *dans les phrases suivantes.*

    a. . . . . .   d. . . . . .
    b. . . . . .   e. . . . . .
    c. . . . . .

2. *Substituez* **pièce** *pour* **roman** *dans les phrases suivantes.*

a. . . . . .   c. . . . . .
b. . . . . .   d. . . . . .

3. *Substituez* **chemise** *pour* **pantalon** *dans les phrases suivantes.*

a. . . . . .   d. . . . . .
b. . . . . .   e. . . . . .
c. . . . . .

4. *Maintenant substituez* **bière** *pour* **vin** *dans les phrases suivantes.*

a. . . . . .   c. . . . . .
b. . . . . .   d. . . . . .

Exercice 2

Substituez le nom féminin imprimé dans votre cahier dans les phrases que vous entendrez et mettez l'adjectif de nationalité au féminin. Suivez l'exemple.

> Exemple: Vous entendez: Ce romancier est canadien.
> Votre cahier indique: (Cette romancière...)
> Vous dites: *Cette romancière est canadienne.*

1. (Cette pièce de théâtre...)   8. (Cette liqueur...)
2. (Ma cousine...)   9. (Cette momie...)
3. (...une revue...)   10. (...une correspondante...)
4. (...cette danseuse...)   11. (Ma nièce...)
5. (Cette actrice...)   12. (Cette poterie...)
6. (Ma camarade...)   13. (...une chanson...)
7. (...une statue...)

Exercice 3

Refaites les phrases que vous entendrez en mettant les mots en **-eur** *au féminin. Attention! Certains mots ont leur féminin en* **-trice**, *d'autres en* **-euse**.

> Exemple: C'est un chanteur.
> *C'est une chanteuse.*

1. Voilà le directeur de l'usine (*factory*).
2. C'est un nageur olympique.
3. Ils sont chômeurs (*jobless*) depuis deux mois.
4. Tous les spectateurs ont applaudi.
5. Il est tricheur et menteur.

MISE EN PRATIQUE

Exercice I

Donnez le féminin des mots que vous entendrez.

    Exemple: un chat gris
              une chatte grise

1. . . . . .   7. . . . . .
2. . . . . .   8. . . . . .
3. . . . . .   9. . . . . .
4. . . . . .   10. . . . . .
5. . . . .   11. . . . . .
6. . . . . .   12. . . . . .

Exercice II

*Pour chacune des phrases que vous entendrez, substituez dans la
phrase le mot donné en faisant les changements nécessaires.*

    Exemple: Vous entendez: Elle a acheté un chapeau vert. (une
                                blouse)
            Votre cahier indique: (une blouse)
                Vous dites: *Elle a acheté une blouse verte.*

1. (les vacances)   8. (des chemises)
2. (l'eau minérale)   9. (une veste)
3. (cette soupe)   10. (cette chatte)
4. (ma nièce)   11. (ma tante)
5. (la viande)   12. (ma chanson)
6. (sa femme)   13. (sa nouvelle voiture)
7. (ma soeur)   14. (cette liqueur)

Exercice III

*Cet exercice de La Grammaire à l'oeuvre est omis du programme de
laboratoire.*

Deuxième partie

COMPRÉHENSION

*Écoutez d'abord le texte. Puis faites la dictée qui en est tirée.
Ensuite répondez aux questions dans votre cahier. Le texte sera
relu après la dictée.*

La Peur

Le texte que vous écouterez aujourd'hui est librement adapté d'un
conte de Guy de Maupassant.[1]
    Par une nuit de tempête dans une forêt obscure, un voyageur et
son guide arrivent à une maison habitée par un garde forestier, sa
femme et ses deux enfants. Le garde, qui a tué un braconnier
(*poacher*), il y a deux ans, se croit depuis lors hanté par le
fantôme de sa victime. Une atmosphère d'inquiétude règne dans la
maison...

Vocabulaire: pattes (f) *paws*
                acharné *merciless, relentless*
                fouillis (m) *jumble*
                bousculé *shaken, jostled, knocked about*
                lueur (f) *glow*
                éclairs (m) *lightening bolts*
                hurler *to howl*
                affreux *frightful, hideous*
                sentir *to smell, sniff*
                angoisse (f) *fear, terror*
                gémissant *whining, groaning*
                cour (f) *courtyard*
                s'est tu (*passé composé de* se taire): *to become
                  silent*
                sursaut (m) (*involuntary*) *start, jump*
                glisser *to slide*
                frôlant *brushing against*

---

[1]Maupassant, Guy de (1850-1893). Auteur de nombreux contes
qui évoquent la vie des paysans, qui racontent des aventures
amoureuses, ou qui dépeignent l'hallucination ou la démence. Il
est lui-même mort au bord de la folie.

vitre (f)   *pane (of glass)*
fauve (m)   *wild animal*
éclater   *to explode*
fracas (m)   *noise*
fusil (m)   *rifle*
bouger   *to move*
gueule (f)   *muzzle*
creuser   *to dig*
trou (m)   *hole*
palissade (f)   *fence*

Dictée

(La dictée sera basée sur les passages dans le texte qui décrivent le chien.)

Passage 1

_____

_____

_____

_____

_____

_____

_____

Passage 2

_____

_____

_____

_____

_____

_____

_____

Passage 3

_____

_____

_____

_____

_____

_____

_____

_____

_____

_____

Maintenant, écoutez une seconde fois le texte entier, puis répondez aux questions dans votre cahier.

Questions

(Répondez par des phrases complètes.)

1. Quels détails contribuent à créer une atmosphère de terreur
   dans ce récit? (Vous pouvez réécouter le texte et prendre
   quelques notes si vous le voulez.)

   _____

   _____

_____

_____

_____

_____

_____

_____

_____

_____

_____

_____

_____

_____

2. Pourquoi le garde forestier a-t-il tiré un coup de fusil?

_____

_____

_____

3. La conclusion de ce conte vous a-t-elle surprise ou non?
   Expliquez pourquoi.

_____

_____

_____

_____

_____

4. Quelle autre conclusion pourriez-vous proposer à cette histoire
   angoissante?

_____

_____

_____

_____

_____

_____

_____

_____

_____

_____

_____

_____

_____

_____

TRAVAUX COMPLÉMENTAIRES

VÉRIFICATION

I. *Mettez le mot entre parenthèses au féminin.*

1. La façade (extérieur) _____ de ce bâtiment date

   de la Renaissance, mais la cour (intérieur) _____

   a été (reconstruit) _____ au dix-neuvième siècle.

2. Heureusement que sa maladie fut (bénin) _____.

3. La (premier) _____ fois qu'on a donné cette

   pièce, elle a été mal (reçu) _____. D'ailleurs,

   elle est beaucoup trop (long) _____.

4. Les (jeune) _____ étudiantes se rencontrent

   (chaque) _____ semaine dans un café qui donne sur

   la place (public) _____.

5. Je viens de recevoir une lettre (urgent) _____ de

   mon père.

6. Elles se sont acheté des chaussures très (chic) _____.

7. (Ce) _____ soupe (gras) _____ qu'il a

   mangée lui a donné une indigestion.

8. Si la sauce est trop (épais) _____, ajoutez-y un

   peu de lait.

9. (Quel) _____ est votre boisson (préféré)

_____ ?

II. *Donnez le féminin des mots suivants. (Voir La Grammaire à l'oeuvre, pages 159-161.)*

1. le chat gris: _____

2. un garçon muet: _____

3. un tigre féroce: _____

4. un héros allemand: _____

5. un artiste fier: _____

6. un beau coq: _____

7. le roi d'Angleterre: _____

8. un grand boeuf: _____

9. mon vieux compagnon: _____

10. un hôte charmant: _____

III. *Mettez les phrases suivantes au féminin.*

1. Son cousin est le secrétaire de l'ambassadeur.

_____

_____

2. Le duc est très vieux et presque sourd.

_____

_____

3. Le jeune cerf est mort.

_____

4. Son mari est nerveux.

_____

5. J'étais peureux quand j'étais petit.

_____

6. Son cousin est vendeur.

_____

7. Ce chien a mordu son maître.

_____

8. Voulez-vous devenir un flûtiste célèbre?

_____

9. Le prince est fou.

_____

IV. *Mettez les phrases suivantes au pluriel. Certains mots restent singuliers.*

1. Il a dû acheter un nouveau pneu.

_____

2. J'ai appris en lisant le journal qu'il y aurait un récital de musique baroque la semaine prochaine.

_____

_____

3. Mon ami est toujours très occupé pendant la période des examens.

_____

_____

4. L'auteur est souvent très mal payé.

_____

5. Ce ruisseau a débordé l'année dernière.

_____

6. Claire a oublié un détail important.

_____

7. Mon genou me fait mal.

_____

8. Savez-vous conjuguer ce verbe à radical irrégulier?

_____

_____

9. Est-ce que ce juge est impartial?

_____

10. J'ai un chandail vert en cachemire.

_____

11. As-tu vu le porte-avion de la flotte russe?

_____

_____

12. Ce timbre-poste français est commémoratif.

_____

_____

13. Construira-t-on un jour un gratte-ciel à trois cents
    étages?

    _____

    _____

14. Le dernier vers de ce poème est très célèbre.

    _____

    _____

V. *Recommencez le paragraphe suivant par* **Ma nièce...** *et faites
   les changements nécessaires.*

    Mon neveu est architecte. Il est veuf depuis des
années. Il a perdu sa femme pendant la guerre du Viet-nam.
Maintenant, il est directeur d'une firme qui construit des
appartements à Grenoble. Il est vif, sportif, aime jouer à
tous les jeux. Il adore les enfants. Ce serait un époux
idéal s'il voulait se remarier.

    Ma nièce _____

    _____

    _____

    _____

    _____

    _____

    _____

    _____

    _____

VI. *Accordez les adjectifs entre parenthèses et mettez-les à leur place correcte.*

Bélinda et le sorcier

Il était une fois une jeune fille qui habitait (une maison / joli / blanc) _____ au bord d'une rivière. Comme elle n'avait pas d'amis avec qui jouer, Bélinda -- c'est ainsi que ses parents l'avait nommée -- parlait aux animaux de la forêt qui la connaissaient si bien qu'ils s'approchaient sans peur quand elle leur offrait à manger. (Des oiseaux / exotique) _____ avaient fait leur nid dans les (arbres / majestueux) _____ qui entouraient la maison. Bélinda passait (des journées / entier) _____ à écouter leurs chansons parfois (gai) _____ parfois (triste) _____. Ou bien elle regardait (les poissons / rouge) _____ qui nageaient dans (l'eau / limpide) _____ de la rivière. Depuis longtemps, elle vivait ainsi (heureux) _____, complètement (isolé) _____ de (la vie / réel) _____, protégée par (les esprits / bon) _____ de la forêt.

Elle ne se doutait pas que le danger menaçait. Dans (une cave / sombre) _____ à l'autre bout de la forêt, habitait (un sorcier / méchant) _____, (un homme / vieux / hideux) _____ dont (la barbe / roux) _____ atteignait ses

genoux. (Ses yeux / vert foncé) _____

lui sortaient de la tête comme ceux d'une grenouille. Jamais un

rayon de soleil n'était tombé sur (son visage / pâle et ridé)

_____. (Deux vautours / affamé)

_____ gardaient l'entrée de sa cave où,

jour et nuit, il travaillait à (un charme / maléfique)

_____. Il voulait ensorceler Bélinda et

devenir (le maître / absolu) _____ de la

forêt.

    Après avoir fini ses préparatifs, le sorcier s'est transformé

en bonne fée et est apparu devant (les yeux / étonné)

_____ de la jeune fille. D'(une voix /

mielleux) _____, il lui a dit: «Je suis

ta bonne fée, et je t'apporte (un cadeau / merveilleux)

_____: une perle et un diamant. Ce sont

(des bijoux / magique) _____. Si tu

jettes la perle dans la rivière, tous tes désirs s'accompliront;

si tu montres le diamant au soleil, tu deviendras la jeune fille

la plus riche et la plus (beau) _____ du

monde.» Pendant qu'il essayait d'influencer Bélinda avec ses

mensonges, le sorcier se disait à lui-même: «Elle ne pourra pas résister. Elle est sûrement égoïste comme tous les enfants et ne pensera pas que ces pierres sont (dangereux) _____. Son (voeu premier / égoïste) _____ la changera en lézard, et je serai le maître de la forêt.»

Bélinda, après avoir réfléchi longtemps, est allée à la rivière et, regardant dans l'eau, a dit: «Voilà, (mes poissons / gentils) _____, (une perle / magique) _____ pour vous. Maintenant, vous dînerez bien tous les jours.»

Puis, elle a pris le diamant et l'a tendu vers le soleil. Tout à coup (inspiré) _____, Bélinda a regardé les arbres de sa maison: «Mes bons amis, vous me protégez, vous me donnez de l'ombre, mais vos feuilles sont toujours (vert) _____. C'est bien monotone. Tenez, je vous offre mon diamant. Vous serez (les arbres / le plus beau) _____ de la forêt.»

Les rayons du soleil, traversant la pierre, sont devenus (une pluie / étincellant) _____ de couleurs qui se posaient délicatement sur chaque feuille. Bélinda, (emerveillé) _____, a contemplé la forêt avec joie.

Elle aurait voulu embrasser sa bonne fée, mais le vieux sorcier, ne pouvant plus contenir sa rage, était rentré dans sa cave pour préparer (un charme / nouveau) _____, plus fort, plus efficace...ou du moins, c'était son espoir. Mais,

nous savons bien que devant l'innocence et le bon coeur, il sera

impuissant.

Et c'est ainsi que Bélinda a inventé l'automne.

RÉALISATION

A. **Discussion de classe.** *Vos amis sont-ils influencés par la publicité? Illustrez.*

B. **Devoir écrit.** *Imaginez que vous écrivez à un bureau qui se charge de trouver la personne de vos rêves à l'aide d'un ordinateur. Fournissez votre auto-portrait ainsi que le portrait de la personne que vous désirez rencontrer.*

C. **Devoir écrit.** *Décrivez la maison ou le pays de vos rêves. Utilisez une grande variété d'adjectifs.*

CHAPITRE **10**

Le Subjonctif

LABORATOIRE

Première partie

AUTOMATISMES

Exercice 1

Recommencez chaque phrase par Il faut... *et faites les changements nécessaires dans les verbes.*

Exemple: Je finis ce livre pour demain.
          Il faut que je finisse ce livre pour demain.

1. (Il faut...)
2. (Il faut...)
3. (Il faut...)

Maintenant, continuez le même exercice mais recommencez les phrases par **Il vaut mieux...** *et faites les changements nécessaires dans les verbes.*

    Exemple: Je finis ce livre pour demain.
                Il vaut mieux que je finisse ce livre pour demain.

  4. (Il vaut mieux...)
  5. (Il vaut mieux...)
  6. (Il vaut mieux...)

Maintenant, continuez le même exercice mais recommencez les phrases par **Marc est content...** *et faites les changements nécessaires dans les verbes.*

  7. (Marc est content...)
  8. (Marc est content...)
  9. (Marc est content...)

Maintenant, continuez l'exercice mais recommencez chaque phrase par **Je doute que...** *et faites les changements nécessaires dans les verbes.*

 10. (Je doute que...)
 11. (Je doute que...)
 12. (Je doute que...)

Exercice 2

Réagissez à chaque phrase négative par une phrase affirmative commençant par **Mais le professeur voudrait...** *et faites les changements nécessaires dans les verbes.*

    Exemple: Nous n'arrivons pas à l'heure.
            Mais le professeur voudrait que nous arrivions à l'heure.

1. (Mais le professeur voudrait...)
2. (Mais le professeur voudrait...)
3. (Mais le professeur voudrait...)
4. (Mais le professeur voudrait...)

Exercice 3

Répondez à chaque question en commençant par **Il est possible...**
ou **Il est probable...** *selon les indications. Faites les
changements dans les verbes là où c'est nécessaire.*

> Exemple: -- Est-ce que vous irez au théâtre ce soir? (Il est
> possible ...)
> -- *Il est possible que j'aille au théâtre ce soir.*

1. (--Il est possible...)
2. (--Il est probable...)
3. (--Il est possible...)
4. (--Il est possible...)
5. (--Il est probable...)

Exercice 4

*Faites précéder les phrases que vous entendrez par l'expression
donnée.*

> Exemple: Il fait beau.   (Je suis content.../ Je suis contente...)
> *Je suis content qu'il fasse beau*
> ou: *Je suis contente qu'il fasse beau.*
>
> Il a fait beau.   (Je suis content.../Je suis contente...)
> *Je suis content qu'il ait fait beau.*
> ou: *Je suis contente qu'il ait fait beau.*

1. (Je suis ravi(e)...)
   (Je suis ravi(e)...)
2. (Je suis triste...)
   (Je suis triste...)
3. (Je suis surpris...)
   (Je suis surprise...)
   (Je suis surpris...)
   (Je suis surprise...)
4. (Je suis désolé(e)...)
   (Je suis désolé(e)...)

<u>Exercice 5</u>

Mettez le premier verbe à la forme négative et faites les changements nécessaires dans le deuxième verbe.

Exemple: Je crois que ce jeune homme est très riche.
Je ne crois pas que ce jeune homme soit très riche.

1. . . . . .
2. . . . . .
3. . . . . .
4. . . . . .

<u>Exercice 6</u>

Complétez les commencements de phrases que vous entendrez par la phrase donnée en mettant le verbe au subjonctif ou à l'indicatif selon le cas.

Exemple: Vous entendez: Martin prend du lait.
a. (Je ne pense pas...)
Vous dites: *Je ne pense pas que Martin prenne du lait.*
Vous entendez: b. (Martin ne veut pas...)
Vous dites: *Martin ne veut pas prendre de lait.*

1. Odile ne va pas en France cet été.
   a. (Pierre sait...)
   b. (Il est dommage...)
   c. (Odile regrette...)
2. Claude a perdu ses clés de voiture.
   a. (Êtes-vous sûr(e)...?)
   b. (Claude est furieux...)
   c. (Je suis étonné(e)...)
3. Yves fera ses devoirs après dîner.
   a. (Je doute...)
   b. (J'espère...)
   c. (Yves voudra...)

MISE EN PRATIQUE

Exercice I

Imaginez que vous êtes le Dr. Synapse, pscyhiatre célèbre. Vous traitez un étudiant qui est venu vous consulter. Réagissez à chacune des plaintes qu'il avancera en commençant par la phrase donnée dans votre cahier.

Exemple:　Vous entendez:　--J'ai peur des avions.
　Votre cahier indique:　(Il est dommage que...)
　　Vous dites:　*--Il est dommage que vous ayez peur des avions.*

1. (Il n'est pas évident que...)
2. (Il est impossible que...)
3. (Il est anormal que...)
4. (Il est étonnant que...)
5. (Je ne crois pas que...)
6. (Est-ce possible que...?)
7. (Je suis navré(e) que...)[1]
8. (Il est douteux que...)
9. (Il est improbable que...)
10. (Il n'est pas normal que...)[2]
11. (Il est bizarre que...)
12. (Je suis désolé(e) que...)
13. (Il est dommage que...)
14. (Il est inquiétant que...)
15. (Il n'est pas bon que...)
16. (Je regrette beaucoup que...)[3]

---

[1]maux de tête headaches　[2]foule crowd　[3]moyens means

Exercice II

Imaginez maintenant que vous êtes le Dr. Neuron, un(une) collègue du Dr. Synapse. À déjeuner, celui-ci vous confie ses impressions sur le jeune homme malade à qui il a parlé dans l'Exercice I ci-dessus. Tantôt vous approuvez et tantôt vous contredisez le docteur Synapse selon les indications dans votre cahier.

Exemple: Vous entendez le Dr. Synapse dire: --Mon malade est schizophrène.
Votre cahier indique: Dr. Neuron: Je ne crois pas que ...
Vous dites: *--Je ne crois pas que votre malade soit schizophrène.*

1. Dr. Neuron: Je ne crois pas que...
2. Dr. Neuron: Je ne pense pas que...
3. Dr. Neuron: Je souhaite que...
4. Dr. Neuron: Il est douteux que...
5. Dr. Neuron: Il est peu probable que...
6. Dr. Neuron: Cela m'étonnerait que...

Exercice III

L'étudiant malade de l'Exercice I se décide à revoir un ami (une amie) à qui il se plaint du psychiatre qu'il vient de consulter. Imaginez que vous êtes cet ami (cette amie) et que vous commencez toutes vos phrases par Je sais que... *ou* Je regrette que... *selon les indications dans votre cahier.*

Exemple: Vous entendez l'étudiant malade dire: -- Ce docteur est un charlatan.
Votre cahier indique: (Je regrette que...)
Vous dites: *--Je regrette que ce docteur soit un charlatan.*

1. (Je regrette que...)
2. (Je me suis bien douté(e) que...)
3. (Je sais que...)
4. (Il est dommage que...)
5. (Cela m'étonne que...)
6. (Je ne trouve pas que...)
7. (Il est curieux que...)
8. (Je doute que...)
9. (Ce serait une mauvaise idée que...)
10. (J'espère que...)

Deuxième partie

COMPRÉHENSION

Écoutez d'abord le texte. Puis faites la dictée qui en est tirée.
Ensuite répondez aux questions dans votre cahier. Le texte sera
relu après la dictée.

Lettre de Gargantua à son fils Pantagruel

Le texte que vous entendrez est une adaptation très libre d'une
lettre que Gargantua écrit à son fils Pantagruel, et dans laquelle,
en bon père, il l'encourage à faire de bonnes études. Cette
lettre se trouve dans le huitième chapitre de <u>Pantagruel</u>
écrit par François Rabelais en 1532.

Vocabulaire: Cicéron *Cicero (106-43 b.c) Latin orator*
Platon *(ca. 428-348 b.c.) Greek philosopher*
l'hébreu (m) *Hebrew*
prendre goût à *to take a liking to*
droit civil (m) *civil law*
métaux (m) *metals*
fuir *to flee*
acquérir *to acquire*

<u>Dictée</u>

_____

_____

_____

_____

_____

_____

_____

_____

_____

_____

_____

_____

_____

_____

_____

_____

Maintenant, écoutez une seconde fois la lettre de Gargantua, puis répondez aux questions dans votre cahier.

<u>Questions</u>

(Répondez par des phrases complètes.)

1. Quelle est la plus grande source de satisfaction pour un père selon Gargantua?

_____

_____

_____

_____

2. Quel est le premier sujet d'études que Gargantua recommande à son fils?

_____

_____

_____

_____

3. Quelles autres disciplines sont également importantes d'après
   Gargantua? (Nommez-en trois.)

   _____

   _____

   _____

   _____

4. Quel sujet Pantagruel ne doit-il pas étudier?

   _____

   _____

   _____

   _____

5. Qu'est-ce qu'il faudra que Pantagruel lise pour bien connaître
   la religion?

   _____

   _____

   _____

6. Quand Pantagruel aura fini ses études, que faudra-t-il qu'il
   fasse avant que son père ne meure?

   _____

   _____

   _____

   _____

TRAVAUX COMPLÉMENTAIRES

VÉRIFICATION

I. *Mettez le verbe entre parenthèses à la forme correcte du subjonctif.*

1. Il faut que tu (être) _____ prudent(e).

2. Je ne pense pas que vous (connaître) _____ ce peintre.

3. Il est possible qu'ils (aller) _____ à Versailles.

4. Il ne faut pas que je (boire) _____ du café.

5. Pensez-vous que j'(avoir) _____ tort?

6. Elle est désolée que je (ne pas croire) _____ en Dieu.

7. Il ne faut pas que tu lui (dire) _____ cela.

8. J'aimerais que tu (voir) _____ un psychiatre.

9. Jennifer est contente que je (pouvoir) _____ prendre mes vacances en même temps qu'elle.

10. J'ai peur que M. Perrier nous (retenir) _____ de force si nous essayons de quitter la maison.

11. Barbara se sent très fatiguée après son opération. Il est peu probable qu'elle (vouloir) _____ nous voir.

12. Quel dommage qu'il (ne pas savoir) _____ conduire un camion.

13. Il est temps que vous (évaluer) _____ les
    progrès que vous avez faits.

14. Je tiens à ce que vous (prendre) _____ un
    morceau de ce fromage. Je l'ai fait moi-même.

15. Je m'étonne qu'ils (venir) _____ en Amérique.

16. Notre professeur d'histoire veut que nous (étudier)

    _____ la Constitution des États-Unis.

II. *Mettez le premier verbe à la forme négative et faites les
    changements nécessaires dans le reste de la phrase.*

1. J'ai l'impression que les otages ont beaucoup souffert.

   _____

   _____

2. Nous sommes sûr(e)s qu'il fera beau demain.

   _____

   _____

3. Je crois que ce restaurant sert des plats régionaux.

   _____

   _____

4. Je dis que c'est une erreur d'investir en ce moment.

   _____

   _____

5. Richard se souvient qu'on a fermé la porte à clef.

   _____

   _____

6. Il est probable qu'Interpol offrira un poste à Denise.

_____

_____

7. Elle croit que je suis monté(e) dans un sous-marin.

_____

_____

8. Je suis convaincu(e) que cet auteur deviendra célèbre un jour.

_____

_____

III. *Faites une phrase avec les deux phrases proposées en choisissant selon le cas, la préposition ou la conjonction donnée entre parenthèses, et en faisant les changements nécessaires.*

1. Je prendrai du lait. Je me coucherai. (avant de / avant que)

_____

_____

2. Il buvait depuis des années. Personne ne le savait. (sans / sans que)

_____

_____

3. Nous essaierons de finir nos devoirs. Nos invités arriveront. (avant / avant que)

_____

_____

4. Téléphone-moi. Je saurai que tu es bien arrivé(e).
   (pour / pour que)

   _____

   _____

5. Il vend des articles de toilette. Il gagne de l'argent
   de poche. (pour / pour que)

   _____

   _____

6. Ils ont visité le Musée Rodin. Ils sont allés déjeuner.
   (après / après que)

   _____

   _____

7. Nous pourrions déjeuner chez Maxim's. Le restaurant est
   fermé pour congé annuel. (à moins de / à moins que)

   _____

   _____

IV. *Faites des phrases avec les éléments donnés.*

   1. a. Je / vouloir *(conditionnel)* / vous / voir / ce film.

   _____

   _____

   b. Je / vouloir *(conditionnel)* / aller / en Afrique.

   _____

   _____

À L'OEUVRE!   188

2. a. Elle / avoir (*présent*) peur / avoir / accident.

_____

_____

b. Elle / avoir (*présent*) peur / son fils / avoir / accident.

_____

_____

3. a. Je / prendre (*futur*) / lait / avant de / me coucher.

_____

_____

b. Aller (*impératif*) / nager / avant que / il / faire / trop froid.

_____

_____

4. a. Il / allumer (*passé composé*) / cigarette / sans / demander la permission.

_____

_____

b. Il / dire (*imparfait*) du mal de moi / sans que / je / savoir.

_____

_____

V. *Traduisez.*

1. Don't stay out in the sun from noon to two unless you wear a hat.

   _____

   _____

2. Theresa hoped I would change my mind (*changer d'avis*).

   _____

   _____

3. Alan wanted to live in the country.

   _____

   _____

4. Chris and Karen were delighted to help us.

   _____

   _____

5. Do you think that the water in this lake is polluted?

   _____

   _____

6. I doubt that this room will be big enough for the party.

   _____

   _____

7. I am glad you are having a good time (*s'amuser*).

   _____

   _____

VI. *Terminez les phrases suivantes.*

1. Le bébé a pleuré toute la nuit sans que...

   _____

   _____

2. Il est difficile de voyager sans...

   _____

   _____

3. Elle est désolée que vous...

   _____

   _____

4. Le professeur permet que...

   _____

   _____

5. Je souhaite que...

   _____

   _____

6. Selon le règlement, il est inadmissible que...

   _____

   _____

7. Puisqu'il a plu, il vaudrait mieux que...

   _____

   _____

8. D'après les journaux, il semble que...

_____

_____

9. Après avoir vu *Space Odyssey 2010*, nous ne trouvons pas que...

_____

_____

10. Le président sera réélu à moins que...

_____

_____

VII. *Terminez les phrases en utilisant le verbe donné entre parenthèses. (Voir Constructions, pages 185 à 186, de La Grammaire à l'oeuvre.)*

1. Où que vous (aller) dans cette ville...

_____

_____

2. Philippe qui sortait avec Josiane depuis deux ans, (ne pas s'attendre à)...

_____

_____

3. Si vous (écrire) n'importe comment, personne (comprendre)...

_____

_____

RÉALISATION

A. **Devoir écrit.** *Sous forme de lettre à un nouvel étudiant (une nouvelle étudiante) de votre université (école), offrez quelques bons conseils basés sur votre expérience personnelle. Employez les tournures suivantes:*

il faut que	il serait utile que
ne pensez pas que	il est probable que
il est possible que	je suis certain(e) que
c'est une bonne idée que	j'espère que
je suis content(e) que	c'est dommage que

B. **Devoir écrit.** *Il y a des arrivistes qui feraient n'importe quoi pour réussir dans la vie. Illustrez.*

C. **Discussion de classe.** *Si vous pouviez faire n'importe quoi, n'importe où, n'importe comment...seriez-vous heureux(heureuse)? Discutez.*

D. **Exposé oral.** *Avez-vous un objet (une photo, un bibelot, etc.) auquel vous tenez beaucoup? Expliquez-en l'importance.*

CHAPITRE **11**

La Comparaison

LABORATOIRE

Première partie

AUTOMATISMES

Exercice 1

Faites des phrases comparatives à partir de la phrase que vous entendrez et des éléments donnés dans votre cahier.

> Exemple: Vous entendez: Ces tableaux sont anciens.
> Votre cahier indique: (plus...les autres)
> Vous dites: *Ces tableaux sont plus anciens que les autres.*

1. (plus...son frère)
2. (moins...Denis)
3. (plus...moi)
4. (aussi...la tienne)
5. (plus...voiture japonaise)
6. (aussi...Valéry)

Exercice 2

Refaites les phrases à la forme superlative avec le plus, la plus, *ou* les plus *en employant l'adjectif ou l'adverbe donné. Faites attention à la place de l'adjectif. (Pour vous aider, une partie de la phrase est imprimée dans votre cahier.)*

Exemple: Vous entendez: Guy a visité les musées d'Italie.
    Votre cahier indique: (intéressants)
        Vous dites: *Guy a visité les musées les plus intéressants d'Italie.*

et: Votre cahier indique: (grands)
        Vous dites: *Guy a visité les plus grands musées d'Italie.*

1. (élémentaires)
    (importantes)
2. (élégante)
    (belle)
3. (jeune)
    (studieux)
4. (clairement)
    (bien)
5. (vieux)
    (chic)

Exercice 3

À partir de la phrase que vous entendrez et en utilisant le nouveau sujet donné dans votre cahier, formez une phrase contenant une comparaison de supériorité, puis une phrase contenant une comparaison d'infériorité.

Exemple: Vous entendez: Je lis très vite.
    Votre cahier indique: (Mon camarade...)
        Vous dites: *Mon camarade lit plus vite que moi.*
                     Mon camarade lit moins vite que moi.

1. (Nicole...)
2. (Denis...)
3. (Mon camarade...)
4. (Je...)

MISE EN PRATIQUE

Exercice I

Répondez aux questions en utilisant les indications données.
C'est votre ami(e) qui parle.

> Exemple: Vous entendez: -- Est-ce que tu es plus calme que
> moi?
> Votre cahier indique: (Non, moins calme...)
> Vous dites: -- *Non, je suis moins calme que toi.*

1. (Oui, ...plus de livres...)

2. *Pour une jeune fille*: (Oui, ...plus active...)

    Pour un jeune homme: (Oui, ...plus actif...)

3. (Non, ...moins d'argent)

4. (Oui, moins de temps libre)

5. *Mentionnez deux activités.*

6. (Oui, ...plus de cours...)

7. (Oui, ...mieux...)

8. *(Indiquez un cours.)*

NOTE: Les questions 9 et 10 de l'Exercice I de Mise en Pratique
sont omises du programme de laboratoire.

Exercice II

Reprenez chaque phrase que vous entendrez en faisant une comparaison. Utilisez les éléments donnés dans votre cahier.

> Exemple: Vous entendez: Cet hôtel est très confortable.
>   Votre cahier indique: (Celui-là ... moins...)
>   Vous dites: Celui-là est moins confortable.

1. (Celui-là est...moins...)
2. (Celle-là est...plus...)
3. (Un léopard...plus...)
4. (Un bracelet en argent ...moins...)
5. (Moi, je...mieux/ le soir.)
6. (Dolly Parton...aussi ...)
7. (La pâtisserie américaine...moins...)
8. (Le rami (*gin rummy*) est...moins...)
9. (La Renault Alliance...plus...)
10. (En hiver, les jours sont...moins...)

Exercice III

Cet exercice de <u>La Grammaire à l'oeuvre</u> *est omis du programme de laboratoire.*

Exercice IV

Formez des phrases avec un superlatif à partir des phrases que vous entendrez. Utilisez les éléments donnés.

> Exemple: Vous entendez: Ces livres sont rares.
>   Votre cahier indique: (la collection)
>   Vous dites: *Ces livres sont les plus rares de la collection.*

1. (la classe)
2. (l'équipe)
3. (la famille)

Maintenant, formez des superlatifs d'infériorité avec le moins.

4. (la fraternité)
5. (France)
6. (le musée)

Exercice V

Cet exercice de <u>La Grammaire à l'oeuvre</u> *est omis du programme de laboratoire.*

Deuxième partie

COMPRÉHENSION

Écoutez d'abord le texte. Puis faites la dictée qui en est tirée.
Ensuite répondez aux questions dans votre cahier. Le texte sera
relu après la dictée.

Lettre à M. de Pomponne[1] par Madame de Sévigné.

Marie de Rabutin-Chantal, Marquise de Sévigné (1626-1696)
était une femme de lettres célèbre pour sa correspondance.
Écoutez l'anecdote qu'elle raconte dans la lettre suivante,
adressée à M. de Pomponne.

Vocabulaire: historiette (f) *anecdote*
se mêler de *to take a hand at, attempt*
comme *how*
M. Saint-Aignan, François, duc de Beauvillier
(1610-1687). *Patron of the arts and military* man
Dangeau, Philippe de Courcillon, marquis de
(1638-1723). *Writer of Memoirs*
Maréchal de Gramont, Antoine, duc de (1604-1678).
Secretary of state in 1653
de toutes les façons *of all kinds*
sot *stupid*
fat *pretentious*
bonnement *simply, frankly*
fît *(subjonctif imparfait)* = *fasse*
jugeât *(subjonctif imparfait)* = *juge*
jamais *ever*

_____

[1]Pomponne, Simon Arnauld, marquis de (1618-1699). Homme
politique français, un des principaux correspondants de Madame de
Sévigné.

<u>Dictée</u>

lundi 1er décembre 1664

_____

_____

_____

_____

_____

_____

_____

_____

_____

_____

_____

_____

_____

Maintenant, écoutez une seconde fois le texte entier, puis répondez aux questions dans votre cahier.

<u>Questions</u>

(Répondez par des phrases complètes.)

1. Pourquoi le maréchal trouve-t-il le poème mauvais à première vue?

    _____

    _____

    _____

2. Pourquoi le maréchal veut-il revoir le madrigal?

    _____

    _____

    _____

3. Le Roi a trouvé cet incident amusant? Quelle leçon aurait-il
    appris s'il y avait réfléchi sérieusement?

    _____

    _____

    _____

    _____

    _____

4. Avez-vous jamais été la victime d'une ruse? Racontez
    brièvement.

    _____

    _____

    _____

    _____

    _____

    _____

    _____

TRAVAUX COMPLÉMENTAIRES

VÉRIFICATION

I. *Mettez le mot entre parenthèses à la forme comparative ou superlative selon le cas.*

1. Ce problème est _____ (compliqué) que l'autre.

2. Je crois que ce walkman en solde est _____ (bon) que l'autre. Si j'étais vous, je ne l'achèterais pas.

3. Ce banquet sera certainement _____ (somptueux) de l'année.

4. On décernera le prix au danseur _____ (habile).

5. Le professeur donne _____ (bonnes) notes aux étudiants qui font preuve d'intelligence et d'imagination.

6. Ce jeune homme est l'étudiant _____ (orgueilleux) que je connaisse. Personne ne peut le supporter.

7. À mon avis, ce chemisier blanc est

_____ (joli) que le rouge. Tu peux

acheter l'un ou l'autre.

8. Rodin est un de _____ (grands)

sculpteurs du dix-neuvième siècle. Le Penseur, sa statue

_____ (célèbre), se trouve au Musée

Rodin à Paris.

9. Cette route est _____ (pittoresque)

mais elle est _____ (rapide).

II. *Faites des phrases en mettant l'adjectif entre parenthèses à
la forme superlative avec* **le plus.**

1. Voilà l'histoire (émouvante) que j'aie entendue.

_____

_____

2. C'est alors qu'il a commis son erreur (grande).

_____

_____

3. Cet air me rappelle les moments (doux) de ma vie.

_____

_____

Refaites les phrases en mettant l'adjectif entre parenthèses à la forme superlative avec **le moins.**

1. Avez-vous lu le premier roman de Couvrier? C'est son oeuvre (connu).

   _____

   _____

2. Nous avons pris les places (cher) au troisième balcon.

   _____

   _____

3. Il a joué le mouvement (long) de la sonate.

   _____

   _____

III. *Remplacez les tirets par* **que, de** *ou* **à** *selon le cas.*

   1. Ce résumé est presque aussi long _____ l'histoire.

   2. Elle a vendu les timbres les plus anciens _____ sa collection.

   3. Votre idée est meilleure _____ la mienne.

   4. Voilà le plus romantique _____ ses poèmes.

   5. C'est M. Beaufort qui m'a salué le plus chaleureusement

      _____ tous.

IV. *Incorporez les adverbes entre parenthèses dans les phrases.*

1. Cette rue est la plus pittoresque de la ville. (de loin)

   _____

   _____

   _____

2. Si le tapis iranien coûte plus de 3 000 francs, ne
   l'achetez pas. (beaucoup)

   _____

   _____

   _____

3. Cet avion est supérieur à l'autre! (tellement)

   _____

   _____

   _____

4. Il est plus agréable de travailler dehors du soleil.
   (infiniment)

   _____

   _____

   _____

V. *Formez des phrases avec les éléments suivants. Mettez
   l'adjectif au comparatif ou au superlatif selon le cas.*

1. Diane / est / grande / moi.

   _____

   _____

À L'OEUVRE!   206

2. L'interprétation de Sarah / me paraît / nuancée / celle / Judith.

_____

_____

3. Le gardien / a été blessé / tigre / féroce / zoo.

_____

_____

4. Il habite / vieille / maison / du quartier.

_____

_____

5. Prends / gros / morceau / de gâteau.

_____

_____

6. Ce film / a reçu / bonne / critique / année.

_____

_____

7. Colette / est / sportive et agile / moi.

_____

_____

8. Son bateau / avançait / vite / les autres.

_____

_____

9. Ce journal / se lit / facilement / l'autre.

_____

_____

10. Voilà / diplomate / respecté / l'Europe.

_____

_____

VI. *Remplacez les tirets par à ou de là où c'est nécessaire.*
(Voir Étude de verbes, pages 200-201 de La Grammaire à
l'oeuvre.)

1. Elle m'a persuadé _____ mettre des sandales. J'aurais

   préféré _____ porter mes chaussures de tennis.

2. Désirez-vous _____ déjeuner à la terrasse ou dans la
   salle à manger?

3. Tu n'es pas obligé _____ accepter son invitation.

4. Ils ont menacé _____ placer une bombe dans l'avion.

5. Le mauvais temps nous a empêchés _____ faire l'ascension
   de la montagne.

6. Souhaitez-vous _____ devenir docteur comme votre père?

7. Est-ce que tu comptes _____ accepter le premier poste
   qu'on t'offrira?

8. Je déteste _____ faire la cuisine.

VII. *Faites des phrases qui illustrent bien le sens des*
expressions données ci-dessous. (Voir Constructions pages
199-200 de La Grammaire à l'oeuvre.)

1. de plus en plus

_____

_____

2. être mieux

_____

_____

3. faire de son mieux

_____

_____

4. tant pis

_____

_____

5. davantage

_____

_____

RÉALISATION

A. **Devoir écrit.** *La première personne dont vous êtes tombé(e) amoureux(amoureuse) correspondait-elle à votre idéal? Discutez les similarités et les différences.* Employez aussi, autant de, **plus que, le moins, le meilleur,** mieux que, *etc.*

B. **Sketch.** *Deux étudiant(e)s qui sont allé(e)s chacun(e) dans un pays différent feront l'éloge de chacun de ces pays, dans le but de persuader un groupe d'étudiants d'y aller aussi.*

CHAPITRE **12**

Les Propositions relatives

LABORATOIRE

Première partie

AUTOMATISMES

Exercice 1

Ajoutez chaque expression que vous entendrez à la phrase donnée dans votre cahier. Employez le pronom relatif qui convient.

Exemple: J'ai parlé de ce livre. (Voilà le livre...)
Voilà le livre dont j'ai parlé.

1. Voilà le jeune homme...
   a. .....
   b. .....
   c. .....
   d. (*deux façons*)
      .....
      .....

2. Voilà l'étudiante...
   a. (*deux façons*)
      .....
      .....
   b. .....
   c. .....
   d. .....

3. J'ai acheté les disques...
   a. .....
   b. .....
   c. .....

4. Les livres ... coûtent cher.
   a. .....
   b. .....

5. Voilà l'actrice...
   a. .....
   b. .....

Exercice 2

Ajoutez chaque phrase que vous entendrez à la phrase donnée dans votre cahier. Utilisez **dont**.

> Exemple: Vous entendez: Je ne connais pas le nom de cette fleur.
> Votre cahier indique: Voilà une fleur...
> Vous dites: *Voilà une fleur dont je ne connais pas le nom.*

1. C'est une voiture...
   a. .....
   b. .....
   c. .....
   d. .....

2. C'est un homme politique...
   a. .....
   b. .....
   c. .....

3. C'est une maladie...
   a. .....
   b. .....
   c. .....

4. C'est un événement...
   a. .....
   b. .....
   c. .....

5. C'est un dramaturge.....
   a. .....
   b. .....
   c. .....

Exercice 3

*Refaites les phrases que vous entendrez avec un pronom
démonstratif.*

    Exemple: Voilà la chemise que je veux.
              Voilà celle que je veux.

1. (...le dessert)   5. (...livres...)
2. (...les disques...)   6. (...étudiants...)
3. (...bicyclette...)   7. (...le film...)
4. (...gâteau...)

MISE EN PRATIQUE

Exercice I

En utilisant une proposition relative commençant par qui, que *ou*
dont, *attachez la phrase que vous entendrez à la phrase donnée
dans votre cahier.*

    Exemple: Vous entendez: J'ai fait ce gâteau.
       Votre cahier indique: Le gâteau était excellent.
                Vous dites: *Le gâteau que j'ai fait était
                              excellent.*

1. Il a acheté une voiture.
2. Elle prépare un dessert.
3. Le couteau est vieux.
4. Ils sont descendus dans un village.
5. Montre-moi le pull-over.
6. Les émissions à la télévision sont instructives.
7. Je vais acheter le médicament.
8. Voilà une phrase.
9. Mes parents habitent une petite maison.
10. L'omelette était délicieuse.
11. Je parlerai des poèmes de Baudelaire.
12. Cette pièce de théâtre met en scène des personnages.

Exercice II

En utilisant une proposition relative commençant par **où**, **d'où**, *ou par* **où**, *attachez la phrase que vous entendrez à la phrase donnée dans votre cahier.*

> Exemple: Vous entendez: Nous sommes descendus dans cet hôtel.
>
> Votre cahier indique: L'hôtel est très confortable.
>
> Vous dites: *L'hôtel où nous sommes descendus est très confortable.*

1. Le restaurant coûte cher.
2. Il faisait froid le lundi.
3. Le village se trouve dans les Alpes.
4. Les routes sont dangereuses.
5. Les années 60 étaient une période mouvementée.
6. Il y a un trou dans le mur.

Exercice III

En utilisant une proposition relative commençant par **lequel**, **laquelle**, **duquel**, **à laquelle**, *attachez la phrase que vous entendrez à la phrase donnée dans votre cahier.*

> Exemple: Vous entendez: Il y avait un petit café en face de cet hôtel.
>
> Votre cahier indique: Nous sommes descendus dans un hôtel.
>
> Vous dites: *Nous sommes descendus dans un hôtel en face duquel il y avait un petit café.*

1. C'est une dame.
2. Voilà le boulevard.
3. Cette maison est la mienne.
4. Il nous a proposé plusieurs solutions.
5. Nous avons trouvé du pâté et du saucisson.
6. Connaissez-vous ces étudiants?

Deuxième partie

COMPRÉHENSION

*Écoutez d'abord le texte. Puis, faites la dictée qui en est
tirée. Ensuite, répondez aux questions dans votre cahier. Le
texte sera relu après la dictée.*

Le Cadeau de mariage

Vous entendrez aujourd'hui le résumé d'un conte de Michelle
Maurois[1], intitulé <u>Le Cadeau de mariage</u>.

Vocabulaire: M. et Mme Martin-Leduc *couple invited to the
wedding*
Irène La Madière *the bride*
bonbonnière (f) *candy box*
Boucher, François *famous 18th century painter*
(1703-1770)

<u>Dictée</u>

_____

_____

_____

_____

_____

_____

_____

_____

[1]Maurois, Michelle (1914-   ). Fille d'André Maurois. Femme
de lettres.

_____
_____
_____
_____
_____
_____

*Maintenant, écoutez une seconde fois l'histoire du cadeau de
mariage, puis répondez aux questions dans votre cahier.*

Questions

(Répondez par des phrases complètes.)

1. Pourquoi les Martin-Leduc ne voulaient-ils pas acheter un
    cadeau de mariage dans un magasin?

    _____

    _____

    _____

    _____

2. Pourquoi Madame Martin-Leduc était-elle ravie d'avoir trouvé
    la bonbonnière au fond d'une armoire?

    _____

    _____

    _____

    _____

3. Pourquoi les remerciements de Monsieur La Madière et de sa
   fille semblaient-ils exagérés?

   _____

   _____

   _____

   _____

   _____

4. À votre avis, que va faire Madame Martin-Leduc après la
   réception?

   _____

   _____

   _____

   _____

   _____

TRAVAUX COMPLÉMENTAIRES

VÉRIFICATION

I. *Réunissez les deux phrases en employant le pronom relatif*
dont.

1. Théodore a découvert une substance. / Les propriétés de
   cette substance sont inconnues.

   _____

   _____

2. Nous lirons une biographie. / L'auteur de cette biographie
   est célèbre.

   _____

   _____

3. Une tempête a détruit la ville. / Personne n'avait pu
   prévoir la force de cette tempête.

   _____

   _____

4. La montre était suisse. / Ma tante avait envie de cette
   montre.

   _____

   _____

5. Comprenez-vous la gravité du crime? / On accuse mon frère
   de ce crime.

   _____

   _____

6. Nous habitons une région. / Le climat de cette région est très variable.

_____

_____

7. Les étudiants ont paru à la télévision. / La presse avait parlé de ces étudiants.

_____

_____

8. Elle écrit des romans. / L'intrigue (*plot*) de ces romans est très complexe.

_____

_____

II. *Réunissez les deux phrases en employant* ce qui, ce que, ce à quoi.

1. Des gens disent que la lune influence nos destinées. / Cela me semble difficile à prouver.

_____

_____

2. Jean-François ne sort que très rarement. / Cela explique sa gêne à la réception d'hier.

_____

_____

3. Nicolas pense être à court d'argent. / Cela l'ennuie beaucoup.

_____

_____

4. Le voyage prend plus de temps aux heures de pointe (*rush hour*). Chéryl n'a pas pensé à cela.

_____

_____

III. *Réunissez les deux phrases avec le pronom relatif qui convient.*

1. La petite table date de Louis XVI. Ma mère m'a donné cette table.

_____

_____

2. Le tableau se trouve au Louvre. / Vous m'avez parlé de ce tableau.

_____

_____

3. Les enfants ramassaient les coquillages (*shells*). / Les coquillages se trouvaient sur la plage.

_____

_____

4. Nous avons mangé des fruits de mer (*shellfish*). / Je ne sais même pas le nom de ces fruits de mer.

_____

_____

5. Les ingrédients sont difficiles à trouver. / On fait ce plat avec ces ingrédients.

_____

_____

6. Les maux de tête étaient d'origine psychosomatique./ Il souffrait de ces maux de tête.

_____

_____

IV. *Terminez les phrases suivantes en utilisant la préposition relative donnée entre parenthèses.*

1. Une dame était assise dans un café... (à côté de + lequel/laquelle)

_____

_____

2. C'est une industrie... (qui)

_____

_____

3. Le maire de ce village... (que)

_____

_____

4. Il y a eu un ouragan... (dont)

_____

_____

5. Sa dépression a commencé... (le jour où)

_____

_____

6. Nous avons déjà oublié... (tout ce que)

_____

_____

7. C'est le journaliste japonais... (auquel)

_____

_____

8. Je n'ai pas trouvé les vêtements.... (dont)

_____

_____

REALISATION

A. **Discussion de classe.** *Avez-vous observé les gens dans vos voyages à l'étranger? Quelles différences avez-vous remarquées?*

B. **Devoir écrit.** *Racontez un moment dans votre vie où vous avez agi avec courage. Employez autant de pronoms relatifs que possible.*

C. **Devoir écrit.** *Est-ce que les cadeaux que vous offrez à vos amis leur font plaisir? Illustrez.*

D. **Devinette.** *Décrivez un endroit que les étudiants de votre cours connaissent. En vous servant de propositions relatives, donnez autant de détails que possible sans révéler l'endroit. À la lecture de votre description, vos camarades essayeront de deviner l'endroit.*

CHAPITRE **13**

Le Discours indirect

LABORATOIRE

Première partie

AUTOMATISMES

Exercice 1

Mettez les phrases au passé.

Exemple: Armand dit qu'il est fatigué.
          Armand a dit qu'il était fatigué.

1. . . . . . .
2. . . . . . .
3. . . . . . .
4. . . . . . .
5. . . . . . .
6. . . . . . .

Exercice 2

Mettez les phrases que vous entendrez au discours indirect.

> Exemple: Vous entendez: Je me sens très à l'aise.
> Votre cahier indique: (Marie m'a dit...)
> Vous dites: *Marie m'a dit qu'elle se sentait très à l'aise.*

1. a. (Richard m'a dit...)
   b. (Richard m'a dit...)
   c. (Richard m'a dit...)

2. a. (Julie m'a dit...)
   b. (Julie m'a dit...)
   c. (Julie m'a dit...)

3. a. (Marc m'a demandé...)
   b. (Marc m'a demandé...)
   c. (Marc m'a demandé...)

4. a. (Carla m'a demandé...)
   b. (Carla m'a demandé...)
   c. (Carla m'a demandé...)

5. a. (Roger m'a demandé...)
   b. (Roger m'a demandé...)
   c. (Roger m'a demandé...)

6. a. (Éliane m'a demandé...)
   b. (Éliane m'a demandé...)
   c. (Éliane m'a demandé...)

7. a. (Le directeur lui a dit...)
   b. (Le directeur lui a dit...)
   c. (Le directeur lui a dit...)

8. a. (Mon ami m'a dit...)
   b. (Mon ami m'a dit...)

9. a. (Mon amie m'a dit...)
   b. (Mon amie m'a dit...)
   c. (Mon amie m'a dit...)

Exercice 3

Formation de l'adverbe. *Pour chacun des adjectifs que vous entendrez, donnez l'adverbe formé sur cet adjectif.*

> Exemple: Vous entendez: solide
> Vous dites: *solidement*

1. . . . . .
2. . . . . .
3. . . . . .
4. . . . . .
5. . . . . .
6. . . . . .
7. . . . . .

8. . . . . .
9. . . . . .
10. . . . . .
11. . . . . .
12. . . . . .
13. . . . . .
14. . . . . .

MISE EN PRATIQUE

Exercice I

Situation 1. *Cet exercice est omis du programme de laboratoire.*

Situation 2. *Imaginez qu'on vient d'interviewer un acteur français. On lui a posé les questions que vous entendrez. Rapportez-les au discours indirect au passé.*

> Exemple: Vous entendez: «Est-ce que vous êtes allé au Japon?»
> Votre cahier indique: (On a demandé à M. S***...)
> Vous dites: *On a demandé à M. S*** s'il était allé au Japon.*

1. (On a demandé à M. S***...)
2. (On a demandé à M. S***...)
3. (On a demandé à M. S***...)
4. (On a demandé à M. S***...)
5. (On a demandé à M. S***...)
6. (On a demandé à M. S***...)
7. (On a demandé à M. S***...)
8. (On a demandé à M. S***...)
9. (On a demandé à M. S***...)
10. (On a demandé à M. S***...)

Exercice II

Imaginez que vos parents vous ont posé les questions que vous entendrez. Choisissez les circonstances qui s'appliquent à vous et rapportez les questions au discours indirect au passé.

> Exemple: Vous entendez: «Quels cours avez-vous suivis?»
> Votre cahier indique: Mes parents m'ont demandé...
> (suivre/quels cours)
> Vous dites: *Mes parents m'ont demandé quels cours j'avais suivis.*

1. Mes parents m'ont demandé...
   a. (rencontrer un jeune homme)
   b. (rencontrer une jeune fille)

2. Mes parents m'ont demandé...
   a. (le / voir)
   b. (la / voir)
3. Mes parents m'ont demandé...
   a. et b. (connaître / parents)
4. Mes parents m'ont demandé...
   a. et b. (faire)
5. Mes parents m'ont demandé...
   a. et b. (intéresser)
6. Mes parents m'ont demandé...
   a. (être né)
   b. (être née)
7. Mes parents m'ont demandé...
   a. et b. (être / sérieux)
8. Mes parents m'ont demandé...
   a. (le / présenter)
   b. (la / présenter)

Exercice III

Cet exercice est omis du programme de laboratoire de La Grammaire à l'oeuvre.

Deuxième partie

COMPRÉHENSION

Écoutez d'abord le texte. Puis faites la dictée qui en est tirée. Ensuite répondez aux questions dans votre cahier. Le texte sera relu après la dictée.

Dialogue

Georges aperçoit une jeune fille dont il aimerait faire la connaissance.

<u>Dictée</u>

Georges:

_____

_____

La jeune fille:

_____

_____

Georges:

_____

_____

La jeune fille:

_____

Georges:

_____

_____

_____

_____

_____

_____

_____

_____

_____

_____

La jeune fille:

_____

_____

_____

_____

Maintenant, récrivez le dialogue de la dictée au discours indirect au passé.

Georges a dit que... _____

_____

_____

_____

_____

_____

_____

À L'OEUVRE!   230

_____

_____

_____

_____

_____

_____

_____

_____

_____

_____

_____

_____

TRAVAUX COMPLÉMENTAIRES

VÉRIFICATION

I. *Lisez l'histoire suivante puis récrivez-la en mettant les parties dialoguées au discours indirect au passé. Faites les changements nécessaires.*

Un jour au courses

Un jour Fernand et Norbert, deux bons amis, ont décidé d'aller aux courses (*races*). En arrivant Fernand a dit à son copain: «Tiens, voilà 3 000 francs; va au guichet (*ticket window*) et place-les sur Sabots d'Acier. Je suis sûr que ce cheval va gagner. Pendant ce temps, je vais nous retenir deux bonnes places dans les tribunes (*grandstand*).»

Norbert est parti dans la direction du guichet, mais avant d'y arriver, il a rencontré un homme au chapeau vert qui l'a pris par le bras et lui a dit: «Vous êtes fou de jouer Sabots d'Acier. Croyez-moi, ce cheval n'a aucune chance. C'est Ouragan qu'il faut jouer, je vous le garantis.

Norbert, qui était assez influençable, a suivi les conseils de l'étranger et a rejoint Fernand juste à temps pour voir Sabots d'Acier gagner la course de trois longueurs (*lengths*).

--Nous avons gagné, a crié Fernand, en sautant de joie.

Norbert hésitait à parler, mais a fini par dire d'une voix hésitante: «Mon vieux, j'ai une mauvaise nouvelle. Je n'ai pas joué Sabots d'Acier.»

Fernand, furieux, lui a dit: «Zut alors, nous venons de perdre 3 000 francs. Écoute, promets-moi de ne plus parler à personne. Voilà encore 500 francs. Va les placer sur Artémis dans la deuxième course; tu as bien compris? AR-TÉ-MIS!»

Norbert a fait «oui» de la tête et est reparti résolument dans la direction du guichet. Mais, en route, il a rencontré une deuxième fois l'homme mystérieux au chapeau vert, qui lui a dit:

«Cette fois-ci, jouez Tornade. Je connais le jockey. C'est un as, et le cheval court comme le vent. Si vous voulez parier sur Artémis, c'est bien votre droit, mais vous ferez une sottise. Vous feriez bien mieux de m'écouter.

Norbert, qui mourait d'envie de gagner une fois dans sa vie, a parié les 500 francs sur Tornade. Naturellement Artémis a gagné

et Fernand a explosé: «Je vois qu'on ne peut rien te confier.
Cette fois-ci, j'irai moi-même au guichet. Pendant ce temps va
m'acheter un Coca-Cola. Tiens. Voilà 15 francs.»

    Quand Norbert est revenu, Fernand l'attendait, une orangeade
à la main.

    Fernand lui a dit: «Mais que fais-tu avec cette orangeade?
Je t'ai demandé un Coca, non?»

    Norbert, l'air triste, lui a répondu: «J'ai encore rencontré
l'homme au chapeau vert.»

*Maintenant, sur une autre feuille de papier, récrivez l'histoire
au discours indirect au passé. Faites les changements nécessaires.*

II. *Mettez les passages suivants au discours indirect, au passé.*
    Utilisez les verbes et les expressions adverbiales donnés à la
    page 228 de La Grammaire à l'oeuvre.

A. LE RENARD: --On ne connaît que les choses que l'on
   apprivoise. Les hommes n'ont plus le temps de rien
   connaître. Ils achètent des choses toutes faites chez les
   marchands. Mais comme il n'existe point de marchands
   d'amis, les hommes n'ont plus d'amis. Si tu veux un ami,
   apprivoise-moi!

   _____

   _____

   _____

   _____

   _____

   LE PRINCE: --Que faut-il faire?

   _____

LE RENARD: --Il faut être très patient. Tu t'assoiras d'abord
un peu loin de moi, comme ça, dans l'herbe. Je te regarderai
du coin de l'oeil et tu ne diras rien. Le langage est source
de malentendus. Mais, chaque jour, tu pourras t'asseoir un
peu plus près...

_____

_____

_____

_____

_____

_____

B. *Avant que le petit prince ne le quitte, le renard lui donne
le conseil suivant. C'est le secret du renard.*

LE RENARD: --L'essentiel est invisible pour les yeux. C'est
le temps que tu as perdu pour ta rose qui fait ta rose si
importante. Les hommes ont oublié cette vérité. Mais tu ne
dois pas l'oublier. Tu deviens responsable pour toujours de
ce que tu as apprivoisé. Tu es responsable de ta rose.

- St. Exupéry, Le Petit Prince

_____

_____

_____

_____

_____

C. **Scène**: *Jacques et David sont camarades de chambre. Jacques est toujours fauché (broke) et essaie d'emprunter de l'argent à David.*

Jacques: Est-ce que tu peux me prêter $50,00?

David: Mais, je t'ai déjà prêté $50,00 il y a deux jours. Qu'est-ce que tu en as fait?

Jacques: Eh bien, je les ai dépensés. Je suis sorti avec Linda ce week-end. Notre dîner (dans un modeste restaurant italien) a coûté $30,00 et nos places au cinéma ont couté $12,00. Linda a offert de payer sa part mais j'ai refusé.

David: (*sarcastique*) C'est facile d'être galant avec l'argent des autres! Et qu'est-ce que tu feras avec ces $50,00 si je te les prête?

Jacques: (*d'un air sérieux*). Je suis à l'université pour étudier; il me faut des livres pour mes cours, des cahiers, et... euh, une nouvelle chemise.

David: (*curieux*) Qu'est-ce qui est arrivé à ta chemise?

Jacques: Quand j'étais au restaurant, j'ai renversé de la sauce
tomate sur ma chemise. J'ai essayé de la laver avec
de l'eau de Javel (*bleach*). La tache est partie mais
la chemise est tout déteinte.

_____

_____

_____

David: Je suis désolé, mais ça t'apprendra. La prochaine
fois, fais plus attention. De toute façon, des
livres tu en trouveras à la bibliothèque, et des
chemises, je peux t'en prêter une. Mais, promets-moi
de ne plus commander de spaghetti!

_____

_____

_____

_____

_____

III. **Constructions.** *Placez l'adverbe correctement dans les
phrases suivantes. (Voir La Grammaire à l'oeuvre page 228-
230). Il y a parfois plusieurs solutions possibles.*

1. Viviane a compris le sens du poème. (bien)

_____

_____

2. Il y a eu une vague de chaleur. (récemment)

_____

_____

3. Cette idée est fausse. (complètement)

_____

_____

4. A-t-il répondu à votre question? (correctement)

_____

_____

5. Nous ne pouvons pas y aller. (malheureusement)

_____

_____

6. Mes voisins se promènent après le dîner. (souvent)

_____

_____

7. Ma camarade de chambre parle quatre langues. (couramment)

_____

_____

8. Justin a offert de nous emmener dans sa voiture. (gentiment)

_____

_____

9. Tu répètes la même chose. (toujours)

_____

_____

10. Ce chanteur a refusé de signer un nouveau contrat.
(obstinément)

_____

_____

IV. **Faire causatif.** *Répondez aux questions en remplaçant les mots en italique par des pronoms. (Voir Constructions, pages 231-232 de La Grammaire à l'oeuvre.)*

1. Le professeur est très exigeant.

   a. Est-ce que le professeur a fait lire trente pages *aux étudiants?*

   _____

   _____

   b. Est-ce que le professeur a fait écrire *une composition aux étudiants?*

   _____

   _____

   c. Est-ce que le professeur a fait corriger *les devoirs par sa femme?*

   _____

   _____

2. Éliane nous a invités chez elle.

   a. Éliane vous a-t-elle fait voir *ses diapositives?*

   _____

   _____

b. Éliane vous a-t-elle fait écouter un *disque de musique folklorique?*

_____

_____

c. Est-ce qu'on lui a fait boire beaucoup *de tisanes (herbal teas)?*

_____

_____

V. *Faites des phrases avec* **faire** + *infinitif.*

1. (au présent)

_____

_____

2. (au passé composé)

_____

_____

3. (au futur)

_____

_____

VI. *Traduisez. (Voir Étude de verbes, pages 231-233 de La Grammaire à l'oeuvre.)*

1. He had a high fever so he sent for the doctor.

_____

_____

2. Charles showed me some new catalogues for camping equipment.

_____

_____

3. She had her hair cut very short.

_____

_____

4. I wanted to have the car repainted.

_____

_____

5. The teacher had the students write a play.

_____

_____

6. The heavy traffic made us lose an hour.

_____

_____

7. If you send Karen a card, it will make her very happy.

_____

_____

8. This wine makes my head spin.

_____

_____

9. Do you think the pâté I ate will make me sick?

_____

_____

10. She won't let me pet the dog.

_____

_____

11. I heard that Lisa and Quentin are getting married.

_____

_____

12. From his window, he watched the children throwing snowballs.

_____

_____

13. His father will not let him drive the new car.

_____

_____

14. They won't let us do it.

_____

_____

VII. *Remplacez les tirets par* **à** *ou* **de** *là où c'est nécessaire.*
(Voir Étude de verbes, *page 234 de* La Grammmaire à l'oeuvre.*)*

Martine se demandait ce qu'elle voulait _____ faire dans la

vie. Sa tante, un peu vieux jeu, lui avait conseillé _____ se

marier et _____ avoir beaucoup d'enfants, mais Martine

s'intéressait beaucoup au droit (*law*), et ses professeurs lui ont

suggéré _____ poursuivre une carrière dans ce domaine. Le père

de Martine, qui était en voyage d'affaires à Hong Kong, lui a

écrit _____ réfléchir sérieusement. Elle devrait penser à

prendre la suite de son affaire d'importation. Après tout, elle

était fille unique. Mais la mère de Martine, qui avait toujours

rêvé _____ être actrice, disait constamment à sa fille _____

aller à Hollywood pour se faire _____ découvrir. Elle avait

même demandé à un cinéaste qu'elle connaissait _____ venir

_____ dîner, dans l'espoir que Martine se laisserait _____

charmer par la perspective de devenir une grande vedette. Martine

ne voulait pas _____ offenser ses parents, mais c'était une

jeune fille indépendante qui tenait _____ prendre ses décisions

toute seule. À votre avis, qu'est-ce qu'elle a choisi _____

faire?

RÉALISATION

A. **Devoir écrit.** *Racontez une décision difficile que vous avez eu à prendre. Qui avez-vous consulté? Qu'avez-vous enfin décidé de faire? (Racontez une partie de votre conversation au discours indirect au passé.)*

B. **Reportage.** *Deux ou trois étudiant(e)s demanderont à plusieurs de leurs ami(e)s quelles seraient les bases d'une société parfaite. Tous prendront note avec soin des réponses et feront un reportage en classe (au discours indirect).*

C. **Sondage**. *Un groupe d'étudiant(e)s prépareront un sondage à distribuer à leurs camarades et rapporteront (au discours indirect) le résultat, les opinions exprimées, etc.*

D. **Exposé oral**. *Vous est-il arrivé de réconcilier deux personnes qui se disputaient? Racontez.*

CHAPITRE **14**

Les Temps littéraires

LABORATOIRE

Première partie

AUTOMATISMES et MISE EN PRATIQUE

Puisqu'il s'agit dans cette leçon des temps littéraires, ces sections sont omises du programme de laboratoire, et le texte de compréhension est écrit.

Deuxième partie

COMPRÉHENSION

Lisez le texte suivant. Puis répondez aux questions qui le suivent. Le texte est adapté d'un conte d'André Maurois intitulé La Maison.

La Maison

   Il y a deux ans, dit-elle, lorsque je fus si malade, je faisais toujours le même rêve. Je me promenais dans la campagne;

j'apercevais de loin une maison blanche, basse et longue,
qu'entourait un bosquet de tilleuls. ... Dans mon rêve, j'étais
attirée par cette maison et j'allais vers elle. Une barrière
peinte en blanc fermait l'entrée. Ensuite, on suivait une allée
dont la courbe avait beaucoup de grâce. Cette allée était bordée
d'arbres sous lesquels je trouvais des fleurs du printemps. ...
Devant [la maison] s'étendait une grande pelouse. ...

La maison, bâtie de pierres blanches, portait un toit
d'ardoises. La porte... était au sommet d'un petit perron. Je
souhaitais visiter cette maison, mais personnne ne répondait à mes
appels. J'étais profondément désappointée, je sonnais, je criais,
et enfin je me réveillais.

Tel était mon rêve et il se répéta, pendant de longs mois,
avec une précision et une fidélité telles que je finis par penser
que j'avais certainement, dans mon enfance, vu ce parc et ce
château. Pourtant je ne pouvais, à l'état de veille, en retrouver
le souvenir, et cette recherche devint pour moi une obsession si
forte qu'un été, ayant appris à conduire moi-même une petite
voiture, je décidai de passer mes vacances sur les routes de
France à la recherche de la maison de mon rêve.

Je ne vous raconterai pas mes voyages. J'explorai la
Normandie, la Touraine, le Poitou; je ne trouvai rien et n'en fus
pas étonnée. ... Un jour, comme je traversais une vallée voisine
de l'Isle-Adam, je sentis tout à coup un choc agréable, cette
émotion curieuse que l'on éprouve lorsqu'on reconnaît, après une
longue absence, des personnes ou des lieux que l'on a aimés.

Bien que je ne fusse jamais venue dans cette région, je
connaissais parfaitement le paysage qui s'étendait à ma droite.
Les cimes de peupliers dominaient une masse de tilleuls. À
travers le feuillage encore léger de ceux-ci, on devinait une
maison. Alors, je sus que j'avais trouvé le château de mes rêves.
Je n'ignorais pas que, cent mètres plus loin, un chemin étroit
couperait la route. Le chemin était là. Je le pris. Il me
conduisit devant une barrière blanche. ...

[Bientôt] je vis la pelouse verte et le petit perron. ... Je
sortis de ma voiture, montai rapidement les marches et sonnai.

J'avais grand'peur que personne ne répondît, mais, presque
tout de suite, un domestique parut. En me voyant, il eut l'air
très surpris et me regarda avec attention sans parler.

--Je vais, lui dis-je, vous demander une faveur un peu
étrange. Je ne connais pas les propriétaires de cette maison,
mais je serais heureuse s'ils pouvaient m'autoriser à la visiter.

--Le château est à louer, Madame, dit-il, comme à regret, et
je suis ici pour le faire visiter.

--À louer, dis-je. Quelle chance inespérée! ...Comment les
propriétaires eux-mêmes n'habitent-ils pas une maison si belle?

   --Les propriétaires l'habitaient, Madame. Ils l'ont quittée
depuis que la maison est hantée.
   --Hantée? dis-je? Voilà qui ne m'arrêtera guère. Je ne
savais pas que dans les provinces françaises, on croyait encore
aux revenants.
   --Je n'y croirais pas, Madame, dit-il, sérieusement, si je
n'avais moi-même si souvent rencontré dans le parc, la nuit, le
fantôme qui a mis mes maîtres en fuite.
   --Quelle histoire! dis-je en essayant de sourire.
   --Une histoire, dit le vieillard d'un air de reproche, dont
vous au moins, Madame, ne devriez pas rire, puisque ce fantôme,
c'était vous.

Vocabulaire: bosquet (m) de tilleuls (m) *grove of linden trees*
allée (f) *drive, driveway*
s'étendait, s'étendre *to stretch out*
ardoises (f) *slate shingles*
perron (m) *stairs in front of an entrance door; doorstoop*
veille (f) *awake state*
Normandie *province to the northwest of Paris*
Touraine *region around Tours (southwest of Paris)*
Poitou *region around Poitiers (west central France*
l'Isle-Adam *town to the north of Paris*
cimes (f) *tops of trees*
peupliers (m) *poplar trees*
étroit *narrow*

Questions

(Répondez par des phrases complètes.)

1. Quel rêve faisait la femme?

_____

_____

_____

_____

2. Comment explique-t-elle la précision de détails dans son rêve?

_____

_____

_____

_____

NOM_____DATE_____COURS_____

3. Pourquoi la femme entreprend-elle un voyage en voiture?

_____

_____

_____

4. Comment sait-elle qu'elle a trouvé la maison de ses rêves?

_____

_____

_____

5. Quelle nouvelle surprenante apprend-elle du vieux domestique?

_____

_____

_____

6. La fin de cette histoire vous a-t-elle surpris(e)?

_____

_____

_____

7. Avez-vous eu des expériences analogues à celles de la femme?

_____

_____

_____

_____

_____

_____

_____

_____

_____

_____

_____

_____

_____

À L'OEUVRE!

TRAVAUX COMPLÉMENTAIRES

VÉRIFICATION

I. **Le participe présent.** *Mettez l'infinitif entre parenthèses au participe présent et terminez les phrases selon votre imagination.*

1. (Ne pas savoir) quoi répondre à sa question, je...

_____

_____

2. En (descendre) la rue, Philippe...

_____

_____

3. En (rentrer) dans le salon, mes amis...

_____

_____

4. (Sortir) un bonbon de sa poche, ma tante...

_____

_____

5. En (agir) rapidement, ...

_____

_____

6. (Avoir) encore un quart d'heure avant son train, Marion...

_____

_____

7. Tout en (boire) leur café, Irène et Nicolas...

_____

_____

II. *Traduisez.* *(Voir Constructions, pages 247-249, de La Grammaire à l'oeuvre.)*

1. He broke his leg while roller-skating (to roller-skate = *faire du patin à roulettes*).

_____

_____

2. While waiting for the plane, I read the newspaper.

_____

_____

3. I like walking along the beach.

_____

_____

4. While making his bed, he found a silver dollar under his pillow.

_____

_____

5. You will learn more by studying regularly.

_____

_____

6. He hurt his back lifting (to lift = *soulever*) a heavy armchair.

_____

_____

7. While writing this poem, he suddenly remembered entire episodes of his childhood.

_____

_____

III. **Étude de verbes**. *Remplacez les tirets par* à *ou* de *là où c'est nécessaire.* *(Voir* Étude de verbes, *pages 249-250 de* La Grammaire à l'oeuvre.)

1. Sous l'effet de la drogue, les murs de sa chambre se sont

mis _____ danser. Wesley ne pouvait pas _____ bouger,

attaché par des cordes invisibles à son lit qui lui

paraissait _____ grandir à chaque seconde. Il n'osait

pas _____ crier. Le son de sa voix résonnait comme le

vent dans une caverne et semblait _____ accélérer le

mouvement des murs. Il ne pouvait pas _____ risquer

_____ crier au secours. Il fallait _____ éviter _____

bouger; il fallait _____ attendre patiemment. Mais déjà

il ne savait plus combien d'heures il avait passées là,

immobile, _____ regarder le plafond, qui avait pris

toutes les couleurs de l'arc-en-ciel. Wesley se demandait

s'il serait sauvé, s'il méritait _____ l'être...

2. Mon grand-père disait: «Si tu évites toujours _____ prendre des risques, tu n'arriveras à rien dans la vie.»

3. Tout ce que je disais paraissait _____ l'irriter.

4. Savez-vous qui a dit: «Il vaut mieux _____ aimer et souffrir que de ne jamais avoir aimé»?

5. David ne méritait pas _____ recevoir cette bourse. Le comité s'est laissé _____ influencer par le père de David qui est doyen de l'université.

6. Ce jeune médecin est insupportable. Il croit toujours _____ avoir raison. Tous ses collègues évitent _____ lui parler. S'il continue _____ être si hautain (*haughty*), il risque _____ se faire beaucoup d'ennemis.

7. Il y a beaucoup de phénomènes dans le cosmos que l'homme ne sait pas _____ expliquer.

IV. *Faites des phrases (15 mots minimum) avec:*

1. **étant donné**

_____

_____

2. **faillir** + infinitif

_____

_____

_____

3. **tout en** + participe présent

_____

_____

_____

4. **de façon à ce que**

_____

_____

_____

5. **pouvoir / savoir** + infinitif

_____

_____

_____

RÉALISATION

A. **Devoir écrit facultatif.** *Écrivez un conte d'épouvante.*

B. **Devoir écrit.** *Faites le résumé d'une émission de* Twilight Zone *que vous avez particulièrement appréciée.*

C. **Devoir écrit.** *En prenant comme modèle soit le texte* Une Soirée désastreuse *à la* page 255-256 *de* La Grammaire à l'oeuvre, *soit l'extrait de* Candide, *page 258, écrivez le récit d'un malheur qui vous est arrivé ou dont vous avez été le témoin.*

DEVOIRS ÉCRITS OU DISCUSSIONS

1. Le divorce est-il un drame?

2. Que pensez-vous de la cohabitation dans les collèges et universités?

3. Platon couronnait les poètes puis les chassait de sa République. Feriez-vous de même?

4. L'artiste a-t-il un rôle à jouer dans la société moderne? Lequel?

5. Seriez-vous prêt à confier à Dali la décoration de votre maison?

6. Attendez-vous d'un film (d'une pièce de théâtre) qu'il soit une source de réflexion ou une simple distraction?

7. Si vous étiez gouverneur d'un État, quelles seraient vos solutions aux problèmes urbains?

8. Si vous disposiez d'une machine qui contrôle le temps (le climat), à quelles fins l'utiliseriez-vous?

9. Croyez-vous à la possibilité d'une langue universelle?

10. «L'homme naît bon, le monde le rend méchant.» Discutez cette opinion de Rousseau.

11. L'américanisation de l'Europe est-elle désirable?

12. Comme Jonathan Swift, proposez votre solution au problème de la surpopulation.

13. À quel point êtes-vous conscient de l'influence du passé sur votre formation, votre style de vie, et vos aspirations?

14. À quoi attribuez-vous l'augmentation des cas de déséquilibre mental?

15. Reste-t-il des tabous pour votre génération?

16. À la manière de Jules Verne, imaginez l'arrivée sur la terre des Jupitériens.

17. L'an 3 000. On découvre les vestiges de notre civilisation. Imaginez les discussions qui auront lieu.

18. Si vous ne pouviez compter que sur vous-même, que feriez-vous pour survivre?

19. Faites un projet de recherche pour une entreprise nouvelle.

20. Quels dangers aurez-vous à affronter dans votre avenir?

21. Descriptions d'une expérience scientifique.

22. Avez-vous déjà participé à une expédition scientifique ou autre? Racontez.

23. Quel est le passe-temps le plus surprenant que vous ayez observé?

24. L'ordinateur -- ami ou ennemi de l'homme?

25. De quelles façons le progrès technologique influence-t-il notre société?

26. Pourquoi la parapsychologie est-elle à la mode dans la société de nos jours?

27. Reste-t-il des valeurs absolues dans le monde moderne?

28. L'homme est-il en train de se détruire en détruisant la nature?

29. L'affluence -- ses effets sont-ils toujours bénéfiques?

30. Vous laisseriez-vous influencer par votre horoscope?

31. Les effets profonds de la mer (ou de la plaine, ou de la montagne) sur l'homme.

32. Votre première tentative culinaire.

33. La joie et l'angoisse de la création dans votre vie: votre premier poème, votre premier article de journal, un discours important que vous avez fait, etc.

34. L'exploitation de l'homme par l'homme: les ouvriers saisonniers.

35. Pourquoi la communication profonde entre les hommes est-elle devenue si difficile?

36. Mettez-vous autant que possible, à la place d'un ouvrier qui a un métier très dur (mine, agriculture), et imaginez ses efforts, ses pensées, ses difficultés.

37. «Notre plus grande gloire n'est pas de ne jamais tomber, mais de nous relever chaque fois que nous tombons.» - Confucius. Illustrez.

38. «Aimer ce n'est pas se regarder l'un l'autre, c'est regarder ensemble dans la même direction.» - Saint-Exupéry. Illustrez.

39. Écrivez un poème.

40. Donnez votre définition de la camaraderie, de l'amitié, de l'amour, de la jalousie, de l'envie, de la haine.

41. Avez-vous, dans votre vie, rencontré une personne sage?

42. Vous avez été témoin de la destruction d'une maison, ou d'un quartier par les bulldozers. Quelles ont été vos réflexions?

43. Illustrez un des proverbes suivants: «À bon chat, bon rat», «Nul n'est prophète en son pays», «Qui se ressemble s'assemble».

44. Vous passez un jour seul(e) dans la nature.

45. La destruction intérieure causée par le rythme de la vie accélérée (vitesse, distractions trop nombreuses, études trop nombreuses et superficielles).

46. Les bienfaits de la méditation.

47. Vous suivez des yeux un avion dans le ciel. Imaginez son voyage.

48. «O mon âme, n'aspire pas à la vie immortelle, mais épuise le champ du possible.» - Pindare. Commentez.

49. «Le langage est source de malentendus.» - Saint-Exupéry.

50. «Les hommes ont dévoré un dictionnaire et ce qu'ils nomment existe.» - Valéry. Commentez.